AF317792

RAPPORT

Lu à l'Assemblée de l'Administration provinciale de haute-Guienne, par M. henry
de Richeprey.

MESSIEURS,

DÈs les premiers inſtans de votre établiſſement, vous vous êtes livrés avec ardeur au projet de rectifier la repartition de l'impoſition territoriale (a).

Vos réflexions ſe ſont d'abord arrêtées ſur les inconvéniens qu'oc-caſionneroit le renouvellement général & ſubit du Cadaſtre. Vous avez rejetté ce remède allarmant & diſpendieux.

Vous avez penſé qu'il ſeroit préférable d'établir la proportion entre les Communautés, ſucceſſivement, ſans précipitation, avec une lenteur qui, en vous aſſurant des ſuccès n'exigeroit pas de grandes dépenſes, & vous mettroit à portée de perfectionner continuellement votre ouvra-ge, de le ſuſpendre, d'en accélerer ou d'en retarder l'activité.

Votre application s'eſt enſuite fixée ſur les moyens d'apprécier juſte-ment & uniformement les forces d'une Communauté, & de déterminer la ſomme d'impoſition à laquelle on pourroit équitablement la taxer. Comment, en effet, bien juger les réclamations des Communautés plai-gnantes, ſi l'on n'en connoit pas la véritable ſituation ? Comment fixeriez-vous l'étendue des ſoulagemens qu'il faut accorder, s'il n'avoit été arrêté, auparavant, un terme proportionnel d'impoſition ?

____

(a) Voyez le Procès Verbal de l'Aſſemblée tenue en 1779, rapport du Bureau des Impoſitions, page 75.

C'eſt en faiſant ces réflexions que vous avez eu la premiere idée de faire décrire toutes les qualités & les natures de ſols de la Province, pour avoir une baſe , une meſure d'eſtimations uniformes & proportionnelles de la valeur & du produit de toutes les propriétés ſoumiſes à l'impôt. Vous avez demandé que cette deſcription fut dreſſée en forme de Table , ſemblable aux Tables d'abonnement qui ſe trouvent au commencement du plus grand nombre des cadaſtres des Communautés ; enſorte que toutes les qualités de ſols y fuſſent diviſées en un certain nombre de degrés , dont le premier comprendroit les ſols de la meilleure qualité, le ſecond les ſols de la ſeconde qualité, & ainſi de ſuite (a).

Vous avez cru , Meſſieurs , que l'on détermineroit le point auquel on peut réduire l'impôt des Communautés qui ont de juſtes motifs de réclamation , en . cherchant le terme moyen , le taux commun ſuivant lequel eſt impoſée une même meſure de chaque qualité de terre , dans toute la Province. Vous penſiez que ſi , par exemple , on découvroit que l'Impoſition moyenne des terres de la meilleure qualité eſt le quart ou le cinquieme de ce qu'elles produiſent ; le quart ou le cinquieme du produit ſeroit l'impoſition à laquelle il faudroit aſſujettir les terres de cette qualité dans toutes les Communautés lezées. On devoit fixer de même l'Impoſition des autres qualités de terres (b).

Vous avez preſcrit que quand ces baſes ſeroient déterminées , on les appliqueroit ſucceſſivement dans toutes les Communautés plaignantes, en y renouvellant le Cadaſtre (c).

Enfin les ſoulagements que vous vous propoſiez d'accorder , devoient être rejettés proportionnellement ſur toutes les Communautés de la Province (d).

C'eſt ainſi que ſans entreprendre le Cadaſtre général , ſans exercer ni inquiſition , ni rigueur vous vouliez parvenir par une voie ſûre , douce & bienfaiſante à tous les avantages d'un Cadaſtre général.

(a) Procès Verbal de l'Aſſemblée de 1779 , page 90.

(b) Idem.

(c) Idem page 92.

(d) Idem.

Vous ne vous êtes pas diffimulé les difficultés. Vous avez dabord reconnu que l'opération que vous projetiez ne s'accordoit pas « en beau- » coup d'articles effentiels avec les Lois qui régiffent la Taille dans » cette Province & qu'elle ne pourroit avoir lieu qu'autant qu'elle » feroit approuvée par le Souverain & revêtue de fon autorité (*a*) » En conféquence vous avez follicité une Loi qui vous a été bientôt ac- cordée, enfuite enregiftrée à la Cour des Aides de Montauban.

Vous avez pourvu à la dépenfe d'une entreprife auffi étendue, en propofnt d'y appliquer une partie des fonds de l'Impôt du trop al- livré (*b*).

Enfin votre Commiffion intermédiaire a cru que de tous les objets dont elle s'occupoit, aucun n'étoit plus digne de fon attention que la recherche de la méthode la plus favorable, pour former les bafes que vous aviez indiquées. Elle a dreffé en peu de temps un plan complet d'opérations. C'eft dans cet ouvrage que s'eft fignalée l'ardeur infati- gable que M. de Cicé a toujours manifefté pour vos fuccès. Ce Prélat préfidoit alors l'Adminiftration & la Commiffion intermédiaire. Que ne devoient pas produire les lumières d'un Chef auffi éclairé ? Dès votre Affemblée de 1780, vous avez arrêté la forme qu'il falloit donner à la defcription générale des fols, appellée Table d'abonnement, & la ma- niere dont on en raffembleroit les Pièces juftificatives (*c*). Vous avez donné aux Experts chargés de décrire & d'eftimer les fols, les plus amples inftruétions (*d*).

Votre attention s'eft arrêtée fur tous les détails, mais principalement fur la méthode la plus fimple de chercher le taux commun d'Impo- fition ; Vous avez délibéré qu'on le fixeroit fur les exemples avec lef- quels les Experts juftifieroient l'eftimation des dégrés de la defcription

---

(*a*) Procès Verbal de l'Affemblée de 1779, page 94.

(*b*) *Idem*, page 88.

(*c*) Procès Verbal de l'Affemblée de 1780, Rapport du Bureau des Tailles, N°. 2. pag. 162.

(*d*) Procès Verbal de l'Affemblée de 1780, Rapport du Bureau des Tailles, N°. 3, pag. 173.

des fois. Les Experts devoient chercher ces Exemples dans les Communautés moyennement impofées, & en préfenter trois pour chaque degré, pris dans trois cantons de chaque Élection. Il étoit facile de conftater l'Impofition fupportée par chaque exemple, & par conféquent le taux commun d'Impofition de tous les exemples réunis de chaque degré (a).

Le zèle qui vous animoit pour le bien public a produit les plus heureux effets. A peine votre Affemblée avoit-elle ceffé, qu'on a exécuté avec ardeur les travaux que vous aviez prefcrits. La plûpart des Communautés, & tous les bons Citoyens fe font empreffés de feconder vos opérations. En peu de temps on a acquis les connoiffances les plus étendues fur toute la Province.

Malheureufement, des efpris prévénus fémerent des allarmes. Sans fufpendre l'activité, il a falu la partager & prendre part à des difcutions qui durerent longtemps. Il a falu prouver, ce dont perfonne ne doutoit, que la repartition étoit exceffivement difproportionnelle. Il a falu établir la vérité inconteftable, qu'il eft indifpenfable de rectifier cette mauvaife repartition. Il a falu répondre aux objections les plus futiles. Le temps fe confumoit à repouffer ces vaines & fubtiles attaques, lorfque M. de Colbert votre nouveau Préfident fatisfait du projet & des travaux commencés en prît la défenfe. Ce Prélat obtint à la Cour des décifions favorables & concilia tous les efprits dans la Province. C'étoit un fpectacle digne de l'admiration des bons Citoyens, de voir l'enthoufiafme avec lequel M. l'Evêque de Rodez & votre Commiffion intermédiaire fe livroient au bien Public & comment chacun de vous, Meffieurs, & de vos Correfpondans les fecondoient.

Tandis que des perfonnes prévenues affuroient que vous ne réuffiriez pas à rectifier la répartition de l'Impôt territorial, on en exécutoit le projet, avec un dévouement, que votre exemple pouvoit feul infpirer. On décrivoit toutes les Communautés, on les diftribuoit en autant de Claffes qu'il régnoit de nuances dans la répartition de l'Im-

---

(a) Idem, N°. 4, pag. 191.

pôt, on ramaſſoit des Matériaux pour déterminer le Taux commun des Impoſitions, on apprécioit les produits & les valeurs de tous les ſols, on ſe préparoit à appliquer ces baſes d'une juſte répartition dans pluſieurs Communautés, on obtenoit le ſuffrage de l'Académie des Sciences ſur les méthodes dont on faiſoit uſage, (a) on établiſſoit une École pour former des Éléves capables de dreſſer les Cadaſtres, on appelloit dans la Province un habile Ingénieur pour diriger la deſcription & la lévée des Plans topographiques, (b) on inſtruiſoit & on raſſembloit les Ingénieurs géomètres qui devoient le ſéconder, on méditoit avec les Cultivateurs & les Experts les plus éclairés ſur les moyens les moins arbitraires de fixer la valeur & les produits des Fonds. Enfin, on commençoit à dreſſer des Cadaſtres dans les Communautés lezées par la répartition pour leur procurer des ſoulagement auſſitôt que le Taux-commun auroit été découvert & que la deſcription de toutes les qualités de ſol ſeroit achêvée.

Cependant, on n'a pû réparer la perte de plus d'une année employée en difcuſſions. Il a falu, Meſſieurs, ſe borner pendant votre Aſſemblée de 1782, à examiner de nouveau votre Plan, (c) à répondre aux objeétions qu'on y avoit faites (d) & à y ajouter les perfeétions que l'expérience & la critique avoient pû procurer (e).

Tous les critiques s'étoient particulierement arrêtés ſur le nombre des dégrés de la deſcription générale. Les uns prétendoient qu'ils étoient trop multipliés dans le projet que vous aviez donné, les autres qu'ils ne l'étoient pas aſſez; l'Académie des Sciences étoit de ce dernier avis (f).

(a) Voyez le Rapport des Commiſſaires de l'Académie, Pièces juſtificatives, N°. 1

(b) M. de Long-Champs, dont les connoiſſances, le zèle & l'aétivité ont le plus contribué à l'exécution des nouveaux Cadaſtres. Ce juſte éloge eſt autant diété par l'intérêt de la Province que par l'eſtime qu'inſpire cet Ingénieur.

(c) Procès Verbal de l'Aſſemblée de 1782 & ſecond Rapport du Bureau des Tailles, pag. 133.

(d) *Idem* troiſieme Rapport du Bureau des Tailles.

(e) Procès Verbal de l'Aſſemblée, 4., 5. & 6. Rapport, pag. 167, 176 & 181.

(f) Voyez le Rapport de l'Académie, N°. 2 des Pièces juſtificatives.

La Cour des Aides de Montauban l'avoit obfervé dans fes rémon-trances. (a) Vous y avez déferé en délibérant que le nombre des dé-grés ne feroit pas limité, & qu'on en décriroit autant que la nature en offriroit de diftinfts.

C'eft encore pendant cette Affemblée, que vous vous êtes fait rendre compte des méthodes qu'on devoit fuivre, pour appliquer la defcription générale des diverfes qualités de fol, & le taux commun d'impofition dans les Communautés. Vous avez auffi examiné les avantages qu'on pouvoit fe promettre de l'école des Ingénieurs Géomètres ; vous vous êtes enfuite fait repréfenter les ouvrages commencés, & ceux qui étoient terminés ; enfin, vous êtes entrés dans le détail des dépenfes faites & à faire.

Vous avez applaudi à tout, & vous avez accordé les plus honorables témoignages de fatisfaction aux perfonnes que vous aviez occupées à ces travaux. Quelle plus douce récompenfe pouvoient-elles défirer ? Leurs noms placés avec éloge dans votre Procès Verbal, leur a fait partager avec vous l'honneur de concourir au bien Public, (b) les bons Citoyens animés par vos fuffrages, les en ont jugés dignes ; tous fe font empreffés de les feconder. Depuis votre féparation l'émulation a été générale, bientôt les fuccès ont répondu à vos efpérances. On a exécuté le plan d'opération que vous avez formé, on va en mettre les réfultats fous vos yeux.

Le compte qu'on vous rendra fera divifé en cinq parties. La premiere aura pour objet la defcription générale de toutes les qualités de fols, où la Table d'abonnement. La feconde, le taux commun d'Impofition. La troifieme, l'application de ces bafes d'une repartition proportionnelle. La quatrieme, les dépenfes que ces opérations ont occafionnées. La cinquie-me, le régime qu'il faut fuivre pour faire recueillir à la Province les fruits de ces opérations, & de ces dépenfes.

(a) Itératives remontrances de la Cour des Aides.

(b) Procès Verbal de l'Affemblée de 1782, pag. 175.

PREMIERE

PREMIERE PARTIE.

Defcription des diverfes qualités de Sols de la Province.

INTRODUCTION.

Pour vous rendre compte MM. des principes & de la méthode qu'on a fuivie dans la rédaction de la defcription des diverfes qualités de fols de la Province, la multiplicité des objets oblige de s'aftreindre à la marche la plus méthodique. C'eft pourquoi on a divifé cette premiere partie en neuf chapitres. On va les lire : enfuite, on mettra la defcription fous vos yeux, & on vous en fera connoître les articles que vous jugerez à propos : le peu de durée de vos féances ne permet pas de vous en donner des notions plus étendues.

CHAPITRE PREMIER.

Defcription phifique, expofition, cultures, productions & fituation des Sols.

La connoiffance la plus néceffaire pour eftimer le produit des terres eft celle des différentes natures de terrein. Jufqu'à préfent on n'a encore employé pour les faire connoître que des expreffions vagues, & jamais une dénomination exacte. Quelle idée claire peut-on prendre des indications communément en ufage *de terres péfantes, de terres legéres, de terres fortes, de terres rouges, de terres noires, de terres bonnes, de terres médiocres, &c.* ces dénominations ne font que rélatives. La terre péfante d'un canton feroit très-legère en la comparant à celle d'un autre. Il en eft de même des qualités de bonté & de médiocrité. Dans un ouvrage

B

deftiné à comparer tous les Sols d'une Province , il falloit les décrire d'une manière plus intelligible.

Le mot de terre eft abftrait , il défigne toutes les efpèces de terre fans en exprimer aucune particulière. Il faut chercher des qualifications & de caractères propres & abfolus pour la defcription de chaque efpèce de Sol.

La terre n'exifte nulle part pure & fimple ; elle eft par-tout compofée de matière brute, & de matière organifée. Elle eft toujours formée des débris de la nature entière , des détrimens des animaux , des dépouilles des végétaux , du fédiment des eaux, & des fragmens des divers minéraux.

Il faudroit des analifes trop fubtiles & inutiles à l'objet qu'on a en vue pour décrire toutes les fubftances que l'on rencontre dans chaque terrein. Il fuffit d'en faire connoître celles qui dominent , qui fe préfentent au premier coup d'œil & fans recherches étrangères aux facultés, aux connoiffances d'un grand nombre de cultivateurs. Ce font les fubftances qui dominent dans les terres , qui néceffairement en déterminent la nature & la qualité.

L'argille, la marne, la craie , la tourbe , la houille , ont des caractères propres , il fuffit de les nommer pour les reconnoître.

On appelle terre animale & végétale, celle qui eft prefque toute compofée des détrimens des animaux & des végétaux. Les minéraux qui concourent le plus à la conformation des autres efpèces de terre , ont indiqué le nom qu'on devoit leur donner. La terre proprement calcaire eft celle qui eft compofée de fragmens de pierres calcaires. Les terres fchifteufes , les terres quartzeufes , les terres volcaniques , &c. ne font prefque entierèment que des amas de débris , de fchiftes , de quartz , de bazaltes , &c.

Quand la terre eft compofée de fubftances dont les noms communs font pris de leur forme, de leur couleur, ou d'autres qualités acceffoires, on y a ajouté des qualifications plus particulières. Par exemple les différentes terres fabloneufes ont été rendues reconnoiffables par la qualification des fables dont elles font compofées. On a indiqué fi ces fables étoient des fragmens de pierres calcaires , ou de quartz , ou de granites, ou un mélange de ces diverfes fubftances. Quand on a décrit des dégrés de terre graveleufe, on a énoncé fi le gravier, fi les galets étoient de fchifte , de grès , de bazalte , de quartz, de filex , &c.

Il y a des terres mixtes dans lefquelles plufieurs efpèces de minéraux dominent. Tels font les Sols compofés de débris de grès & de fragmens de pierre calcaire, que l'on voit aux environs de Rodez & de Gourdon, ou de grès & de pierres fchifteufes qu'on trouve à Mandailles & dans le Vabrais. Telles font les terres fchifteufes & graniteufes de St. Vincent & de la Capelle-Marival. Telles font les terres volcaniques & grani-teufes des Montagnes de la Viadenne.

Quelle que foit la nature des minéraux primitifs qui compofent les ter-res ; ils y laiffent toujours des caractères affez reconnoiffables pour être faifis par l'habitant des campagnes, même le moins inftruit. Il n'ignore que les expreffions propres pour les défigner. Qui ne reconnoît pas la terre animale & végétale dans les Jardins & dans les meilleurs champs ? Qui ne fait pas que certaines vignes font des amas de filex, ou de pierres à fufil ? Le cultivateur emprunte fouvent de lui-même dans la nature la dénomination la plus propre des fols. C'eft ainfi que dans la Haute-Guienne, on appelle *Cauffe* qui fignifie calcaire, les terreins formés de pierres calcaires. On nomme, *graves*, les graviers. On appelle *terres de pierres noires*, les terres volcaniques. Les fols qui font formés par les atteriffemens des ruiffeaux & des rivières, font nommées *terres de rivière*. (*a*).

Mais la defcription de toutes les efpèces de terres fut-elle auffi bien faite qu'on le defire, feroit inutile à l'objet qu'on fe propofe, fi en établiffant des rapports reconnoiffables pour toutes les efpèces, elle ne procuroit des inductions & des facilités pour eftimer le produit des fols. On fait généra-lement que la nature des terres eft le principal moteur de la végéta-tion, & par conféquent de toute efpèce de produit. On y reconnoîtra par la defcription générale de toutes les qualités de terre de cette Province, que l'on ne cultive pas dans les terreins argileux les mêmes plantes que

______

(*a*) On n'a pas laiffé échapper cette conformité de nom. On a eû l'attention de n'omettre dans les defcriptions, aucun des noms vulgaires généralement connus dans la Province. On a auffi eu celle de décrire les fubftances minérales qui fervent à la dénomination qu'on a employé, de manière que les Experts & le plus grand nombre des Propriétaires puiffent les reconnoître.

dans les marneux , que les fols calcaires font favorables à la culture du froment , & que le feigle n'y réuffit pas , que les fols fchifteux fécondent le feigle , tandis que le froment y dégénére , que les fols volcaniques font également bons pour le froment & pour le feigle , &c.

Cette diftinction méthodique devenoit donc très - favorable à l'objet qu'on s'eft propofé. Elle forme plufieurs efpèces de fols bien caractèrifées & faciles à diftinguer. La premiere comprend les terres prefqu'entièrément végétales & animales. La feconde les terres argileufes. La troifieme les terres calcaires. La quatrieme les terres graniteufes. La cinquieme les terres de grès. La fixieme les terres fchifteufes. La feptieme les terres volcaniques. La huitieme les terres ollaires. On trouve encore les terres graveleufes dont les graviers font compofés de diverfes natures. Les terres fabloneufes diftinguées auffi par la nature des fables qu'elles contiennent. Les terres mixtes compofées des diverfes natures précédentes: Telles font , par exemple , les terres de grès & de granite ; les terres de grès & de fchifte , les terres de grès & calcaires , &c.

S'il étoit effentiel de diftinguer ainfi les divers fols , il ne l'étoit pas moins d'en faire connoître les différentes expofitions qui concourent avec la nature des terres à former le plus ou moins grand dégré de fertilité , à procurer plus ou moins de produit. En effet , au bord d'une riviere le terrein eft expofé à être continuellement dégradé par les inondations. A plus de hauteur les eaux lors des débordemens couvrent la terre de limons fertiles. Dans les fols plus élevés encore , la féchereffe détruit les plus belles moiffons. Sur les pentes des colines & des montagnes , les fols font fouvent détériorés par les ravines , felon qu'elles font plus ou moins rapides. Dans les vallées , les brouillards , l'humidité , le peu de circulation de l'air multiplient les maladies des grains. Enfin , fur les fommets , les neiges , les gêlées & les frimats , ne laiffent aucun efpoir d'y cultiver avec fuccès certaines productions.

Les effets de l'expofition & de la nature des fols fe manifeftent d'une manière non équivoque par les plantes qui croiffent d'elles-mêmes dans chaque efpèce de Terreins. Des caractères auffi rémarquables ne doivent pas échapper. Chaque fol eft plus favorable à certaines plantes qu'à d'autres. On réconnoîtra dans la defcription générale que les Terres

fchifteufes & graniteufes produifent particuliérement diverfes efpèees de
mouffe, de la bruyere, des genets, des joncs, des geneviers, dès
houx, des bouleaux, du ferpolet, &c. Que les Terres calcaires font
remplies de buis, de ronces, de thin, de ferpolet, de plantes légumi-
neufes, &c. Que les Terres de grès produifent peu d'herbes, mais indifféremment du thin, des geneviers, du buis, du bouillon blanc, des
graminés, &c.

Depuis la publication des Mémoires de la fociété d'agriculture de
Bretagne, perfonne n'ignore que les Prairies peuvent fe divifer, rélativement aux herbes qui y croiffent, en Prairies hautes, baffes &
moyennes ; que l'on trouve dans les unes des plantes qui ne fe trouvent jamais ou prefque jamais dans les autres. (a) Les Prés trop hu-
mides, les Prés affez arrofés & les Prés qui font trop fecs offrent
encore des nuances diftinctes dans les efpèces & les qualités des herbes qu'on y rencontre (b).

Après avoir décrit les diverfes natures & les différentes expôfitions
des fols, après avoir reconnu les plantes auxquelles chaque nature eft
plus favorable, il a été facile de généralifer la defcription des cultures ; car c'eft toujours la nature du terrein, fon expofition & l'efpèce
de plantes auxquelles il eft le plus favorable qui maîtrifent le Cultivateur. Ce font ces circonftances qui le forcent ici à des labours
profonds, là à des labours fuperficiels & ailleurs à labourer à bras ou
avec des Bœufs ou avec des Chevaux. C'eft la nature du fol qui régle
le nombre de ces labours, la quantité qu'on repend de fémence, la
nature des engrais, le nombre des années de répos, la néceffité d'al-
terner les productions, l'affolement des Terres, &c. ; ainfi il y a une
grande analogie dans la culture des terreins dont la nature & l'expofition font femblables. Quand il y a beaucoup de Terres dans les fols
calcaires, on y donne des labours profonds, foit à Bras, foit avec la
Charrue ; quand ces Terres font pierreufes, on n'y laboure que légére-

____

(a) Corps d'obfervations, &c. Années 1759 & 1760, page 61.
(b) Idem, page 73.

ment, mais on en défonce le fol lorfque les eaux en ont enlevé la furface. Dans prefque toutes les Terres fchifteufes & graniteufes , on laiffe croître la bruyere & le génet pendant un certain nombre d'années pour les brûler & fuppléer aux engrais : il ne faut qu'en grater la furface ; car à peu de profondeur on trouve ou le roc vif, ou l'argile la plus compacte. Dans les fols produits par les atterriffemens des Riviéres , les Terres font prefque toujours travaillées à bras & avec un foin extraordinaire, afin de mettre la fertilité du fol à profit, pour y recueillir diverfes productions pendant la même année.

On conçoit aifément que nul moyen n'étoit plus favorable pour faire connoître les fols , pour en évaluer les productions que d'analifer toutes les cultures & de fuivre le Laboureur depuis qu'il ouvre le fein de la Terre jufqu'au moment qu'il en vend les préfents ; mais dans la defcription des diverfes qualités des fols , on a généralifé les objets communs à toutes les qualités ; on ne s'eft arrêté qu'aux différences fenfibles , & fi l'on y a décrit des méthodes particuliéres & uniques à un canton , c'eft qu'elles offroient des exemples utiles à imiter ailleurs. On n'y a pas diftingué toutes les petites variétés de prix ; toutes les minutieufes différences locales : ces détails fe trouvent, foit dans des exemples, foit dans les defcriptions paticulières aux cantons où les exemples ont été pris.

Enfin , la plus ou moins grande facilité de tranfporter les denrées , le plus ou le moins de confomation , le voifinage des Bourgs & Villes commerçantes ont dû apporter des modifications dans les appréciations des produits. Ainfi après avoir fait connoître la nature , l'expofition, les productions & la culture des fols, il falloit en décrire la fituation pour completer la defcription.

Il eft encore d'autres moyens d'aproximation pour découvrir le produit des Terres & d'autres notions pour comparer les fols entr'eux , on en traitera dans les Chapitres fuivants.

CHAPITRE II.

Réduction des poids & des mesures locales aux poids & mesures de Paris.

POUR comparer plus facilement les divers sols & le prix des productions qu'on y recueille, on a réduit les poids & les mesures locales aux poids & mesures de Paris.

Vous n'ignorez pas, Messieurs, que la longueur du double pendule sous l'équateur, auroit procuré un terme de reduction invariable qui existant dans la nature même, n'auroit eu aucun des inconvéniens des mesures matérielles de Paris (*a*). Mais vous avez consideré, que la réduction à la longueur du double pendule proposée par les personnes les plus savantes du Royaume (*b*) & projettée par d'habiles Ministres n'ayant encore été exécutée nulle part n'auroit peut-être pas été accueillie par le grand nombre qui ne se décide que d'après l'usage & l'expérience, & dont la confiance est nécessaire pour le succès d'une Administration qui ne veut pas même que la manière de faire le bien excite des inquiétudes.

D'ailleurs, la réduction aux mesures de Paris, mesures généralement plus connues, plus en usage que d'autres, concourra plus facilement aux vues du Gouvernement, s'il se propose jamais d'établir, entre les Provinces du Royaume, une répartition proportionnelle de l'Impôt, comme l'Administration va l'établir, entre les Communautés de la Haute-Guienne. Vous avez voulu, en préférant la réduction aux mesures de Paris, préparer les moyens de faciliter l'exécution de vues aussi dignes d'un Gouvernement équitable, & aussi favorables, pour convaincre de l'excessive surcharge de cette Province.

(*a*) Mémoire de l'Académie des Sciences année 1747, page 720.

(*a*) De nos jours Mr. Dufai a fait agréer au Conseil un règlement pour opérer cette réduction.

Dès 1749 on avoit réduit en poids de marc les différens poids en usage dans la Haute-Guienne. On avoit fixé la réduction des mesures des liquides au muid de Paris, celles d'un grand nombre de mesures des grains, aux setiers & boisseaux de cette Capitale, & celle de quelques mesures de longueur à la toise de France (*a*).

Votre intention, Messieurs, n'étoit pas qu'on se servît de ces réductions sans les vérifier : on s'est livré avec empressement à ce travail. Il en a résulté que la réduction des poids étoit exacte, ensorte qu'on n'a pas hésité de l'employer.

Les mesures des liquides avoient été réduites au muid & à la pinte de Paris ; mais on avoit supposé que le muid de Paris ne contenoit que 280 pintes, la vérité est qu'il en contient 288 (*b*). Il a donc fallu recommencer toutes les réductions à raison de 288 pintes le muid.

Avant l'établissement de votre Administration, on n'avoit recueilli que peu de notions sur les mesures de longueur. On n'a trouvé dans la Province aucune description des mesures de superficie & un grand nombre de mesures des grains sont encore inconnues.

La notice des mesures de longueur a été facile à completer ; il n'a pas été aussi aisé d'en faire la réduction. Vous êtes prévenus, Messieurs, que dans beaucoup d'endroits on ne connoît pas avec une précision géométrique la longueur de ces sortes de mesures. Que de difficultés n'a-t-on pas rencontré quand il s'est agi de les vérifier ? En voici de remarquables. Suivant les Mémoires de la Société de Montpellier, la canne de cette Ville est de 6 pieds 1 pouce 5 lignes un 5e. (*c*) on se sert de cette mesure dans la plus grande partie du Rouergue. Cependant, selon l'étalon de Villefranche, la canne de Montpellier auroit 6 pieds 1 pouce 6 lignes ; suivant les demies cannes étalons d'Entraigues & de Conques, elle auroit 6 pieds 1 pouce 9 lignes. D'autres cannes étalons, les mesures des Commerçants ne lui donnent que 6 pieds 1 pouce 4 lignes, & comme le plus grand nombre d'Arpenteurs ne se

---

(*a*) Mémoire sur les poids & mesures de la généralité de Montauban.

(*b*) Voyez le Mémoire sur les poids & mesures de Montauban pag. 5, Avertissement.

(*c*) Voyez le I. & le II. Volum. des Mémoires de l'Académie de Montpellier.

fert

fert que de cette derniere dimenſion , on a cru devoir la regarder comme la véritable meſure en uſage.

Une autre difficulté , c'eſt l'imperfeȼion des étalons. Dans toute la Province il n'y en a que très-péu d'exaȼts. Celui de Villefranche eſt une barre de fer ſcellée dans un pilaſtre qui porte à faux. Il eſt courbé, il forme un arc ſenſible , & les diviſions qui devroient repréſenter quatre pans , n'en ſont pas égales. La demi canne étalon de Caors eſt une barre de fer rouillée , qu'on a découverte dans un grenier de l'Hô-tel-de-Ville, quand on a voulu la vérifier. Pour regler ces meſures on les a comparées autant qu'il a été poſſible , & avec la plus ſcrupu-leuſe attention au pied du Roi ſur un étalon de cuivre , fait par l'ar-tiſte de l'Académie des Sciences , conformément à l'étalon du Châtelet de Paris.

C'eſt avec cet étalon du pied de Roi qu'on en a conſtruit un qui fixe la longueur des toiſes , & celle des perches qu'on envoie dans la Province pour lever les Plans topographiques des Communautés. Cet étalon eſt une règle de noyer coupé dix ans avant d'avoir été travaillé. Un pied de Roi, une perche peuvent y entrer librement. On y a tracé toutes les échelles dont on ſę ſert, ſoit pour lever, ſoit pour calculer les Plans , & les diviſions en ont été faites avec beaucoup de pré-caution (a).

On a préféré un étalon de bois, parce que le ſoin avec lequel on le conſerve empêche qu'il ne s'altére ; & perſonne n'ignore plus , que le chaud , le froid & les diverſes températures de l'air, occaſionnent moins de variété dans la longueur des meſures de bois , que dans celles des meſures de métal (b).

Après avoir acquis des connoiſſances ſuffiſantes ſur les meſures de longueur , il a été facile de décrire & de réduire les meſures locales de l'arpentage dont les élémens ſont les meſures de longueur. Vous avez délibéré, Meſſieurs , qu'on les réduiroit à l'arpent de Paris de 100

(a) Cet étalon eſt dépoſé au Bureau des Ingénieurs géomètres.

(b) Voyez Maupertuis, figure de la Terre, pag. 48, Aȼte de Stokolm, année 1750, Journal économique 1751.

perches quarrées , la perche longue de 18 pieds. On a réduit à l'arpent conformément à vos intentions *(a)* , toutes les mesures locales des terres appellées feterées , quartes , quarterées , &c. On en a compté 60 particulières dans les Villes & dans les principaux Bourgs. Mais la diverfité des mesures locales eft encore plus grande ; car , quelquefois dans la même Communauté on emploie une mesure pour arpenter les jardins , une pour les vignes , une pour les champs , &c.

Pour vérifier la réduction des mesures des grains faite en 1747 , & pour réduire celles qui ne l'avoient pas encore été , on a employé un inftrument dont l'ufage épargne beaucoup de calculs & ne peut être fufceptible d'erreur. M. Dutillet qui l'a inventé en a fait la defcription dans les Mémoires de l'Académie des Sciences *(b)* Ce Savant s'en eft fervi avec fuccès , lorfque le Gouvernement l'a chargé de réduire aux mesures de Paris , les mesures des principales Villes du Royaume & des Villes étrangères les plus commerçantes.

Telles font , Meffieurs , les bafes des calculs que l'on a faits , pour décrire & pour former les tarifs de réduction de divers poids & de toutes les mesures locales.

Qui fait mieux que vous , que les recherches & les travaux les plus fimples deviennent difficiles quand il faut les étendre dans toute une Province ? C'eft ce qu'on a éprouvé lors qu'on a entrepris de completer la réduction de toutes les mesures locales de Haute-Guienne. On a vû précédemment qu'il avoit été impoffible de décrire avec une rigoureufe exactitude la mesure de longueur de Villefranche. Quand on a vérifié la furcharge d'impofition de Caftelmus , on n'a pû s'affurer fi le Cadaftre y avoit été dreffé avec une mesure particulière ou avec une mesure en ufage dans les Communautés voifines. Dans l'incertitude l'on a fuppofé ce qui n'étoit que probable , qu'on s'étoit fervi de la mesure de Millau. A Efpinas les mesures de France auxquelles on avoit d'abord calculé les Plans ont été réduites à la me-

---

fure de St. Antonin , parce que c'eft celles dont les habitans font communément ufage , & dont ils avoient préferé la réduction. Après avoir terminé cette réduction on a reconnu que l'ancien Cadaftre avoit été dreffé fuivant la mefure de Caylus , & il a falu fe livrer à un nouveau travail pour réduire à la mefure de l'ancien Cadaftre. A Montpezat où un Ingénieur géométre travaille maintenant le Cadaftre, ne fait pas mention de l'étendue des mefures qu'on y a fixée. Les habitans ne le favent pas ; ils ne connoiffent la contenance des héritages que par tradition ou par l'ancien Cadaftre, fans favoir quels font les élémens qu'ils pourroient employer pour la vérifier.

Ce ne font pas des difficultés de cette nature qui ont empêché Sulli, Colbert & d'autres grands Miniftres d'introduire les mefures de Paris dans toutes les Provinces. Cette uniformité de mefure ainfi que toutes les grandes entreprifes d'Adminiftration ne peuvent s'exécuter que lentement. On tiendra long-temps aux mefures locales plutôt par néceffité que par préjugé. Toutes les anciennes conventions, les baux, les Actes de vente , de partage, les rentes, les Droits font fondés fur ces mefures locales. Quel embarras n'y auroit-il pas pour réformer tous ces Titres ? Quelle oppofition ni trouveroit-on pas de la part des perfonnes intéreffées ?

Avant d'abroger les anciennes mefures, il faut donc familiarifer les efprits aux mefures uniformes, les leur faire connoître en multipliant les Tarifs , les convaincre de l'exactitude des réductions par celle des calculs, & laiffer l'intérêt perfonnel fe perfuader qu'il n'a rien à perdre dans les changemens qu'on l'inviteroit à faire. Il faut furtout y travailler fans précipitation , avec cette perféverance , ces foins affidus, cette unité de principe qui caractérife , MM. , la nature & la forme de votre Adminiftration & qui affure toujours le fuccès des opérations les plus difficiles.

Enfin , on parviendra lentement ; mais néceffairement a établir l'uniformité defirée en donnant la plus grande publicité aux tarifs de réduction , en ayant l'attention d'énoncer dans tous les actes qui émaneront de l'Adminiftration les mefures locales & leur réduction à la mefure uniforme , en invitant les Arpenteurs, les Féodiftes & les Notaires, d'imiter l'Admi-

C ij

niftration dans la rédaction des actes publics , & en obténant dans la fuite du gouvernement une loi qui oblige dans tous les cas poffibles , d'énoncer la mefure uniforme , fauf à ceux qui le voudront, à en indiquer en même tems les rapports avec la mefure locale.

On a donc concouru efficacement , MM , à une de vos plus grandes vues de bien Public , en entreprenant la réduction de toutes les mefures locales de la Province. On a rempli en même-tems un des objets les plus effentiels pour rectifier la répartition de la Taille.

La notice , la defcription & les réductions formeront un volume divifé en fix Parties pour chacune des fix Élections. Il fera fubdivifé en autant de Chapitres qu'il y a de diverfes mefures. Chaque Chapitre aura pour Titre le nom de la principale Communauté où l'on fe fert d'une mefure particuliére. On trouvera dans ces Chapitres. 1°. La defcription des mefures de longueur & leur réduction au Pied de Roi & à la Toife de France , & réciproquement la réduction du pied de Roi & de la Toife de France à la mefure locale. 2°. Un Tarif pour la réduction de la mefure locale des Terres à l'arpent de Paris, (a) un autre pour celle de l'arpent à la mefure locale. 3°. La defcription de la mefure des grains avec fa réduction & deux Tarifs pour l'une & l'autre réduction. 4°. La defcription , la réduction & le Tarif des mefures des liquides. 5°. La defcription , la réduction , les deux Tarifs des poids. 6°. Le nom des Communautés ou de la plûpart de celles où l'on fait ufage de chaque efpèce de mefure.

Cet Ouvrage fera d'un autre genre que le Mémoire imprimé en 1747 fur les poids & mefures de la généralité, dans lequel on ne trouve aucune defcription des mefures des Terres , il y manque la plus grande partie de celle de longueur & des grains. On n'y indique pas les Communautés où l'on fe fert des mefures décrites. Ce Mémoire d'ailleurs ne contient pas de Tarifs de réduction. Les Tarifs qui s'y trouvent n'ont pour objet que de fixer le prix des Denrées fur le pied des poids & mefures de Paris , lorfqu'on en connoît le prix felon les poids & mefures de la Province.

____

(a) L'arpent qu'on a préféré eft celui avec lequel on fait des opérations pour la répartition de la Taille dans la généralité de Paris.

Il reste à mettre sous vos yeux cette nouvelle réduction de mesures. On se bornera, si vous le permettez, à vous faire la lecture de la partie de ce travail rélative à chacune des six Villes des chef-lieux d'Election. Le temps fixé pour vos Assemblées ne permet pas de vous en présenter un plus grand nombre (*a*).

CHAPITRE III.

Prix moyens & communs des productions.

PERSONNE n'ignore que lorsqu'on estime le revenu des terres, on fixe la valeur des denrées qu'elles produisent. 1°. Au prix moyen auquel on en a vendu de semblables pendant une révolution de tems convenuë. 2°. Au prix commun des différents lieux ou marchés où on les a vendues.

Pour estimer le revenu des divers degrés de sol décrits dans la Table d'abonnement, vous avez prescrit, Messieurs, qu'on formeroit le prix moyen des denrées, sur les ventes faites pendant les 30 années écoulées depuis 1752 jusqu'en 1781, & qu'on calculeroit des prix communs pour chaque Election, avec les prix moyens des marchés tenus dans les Bourgs ou Villes de ces Elections.

Les Registres de plusieurs Villes contiennent tous les prix auxquels les grains se sont vendus chaque jour de marché tenu depuis 1752. Mais dans quelques endroits on ne tient des marchés que pendant une partie de l'année. Ailleurs on n'inscrit les prix de chaque jour de marché que depuis quelques années seulement; auparavant on ne les enregistroit qu'à certaines époques, à celle, par exemple, de Noël, de St. Jean, de St. Julien & de St. Michel. Partout on trouve l'enregistrement du prix des grains, vendus pendant les marchés les plus prochains du jour de St. Julien ou de celui de St. Michel, on s'est servi

(*a*) Voyez les Tables de réduction qui ont été mises sous les yeux de l'Administration.

indifféremment de l'un ou l'autre de ces prix , parce que le grain fe vend ordinairement auffi cher le jour de St. Michel que celui de St. Julien.

Dans quelques Villes on ne vend pas de certaines efpèces de grains. Dans celles de l'Élection de Rodez & de Millau, on ne porte pas de maïs aux marchés , ou fi l'on en porte c'eft en fi petite quantité qu'on n'en infcrit pas le prix. A la Guiole & à Sauveterre on vend auffi fort peu de maïs & de froment , à Monclar , à Moliéres , &c. les Marchés font prefque toujours dégarnis de feigle. On vend rarement de l'avoine au marché de Moiffac. Cette circonftance a empêché qu'on ne comprit dans les États des prix de ces Villes, le prix des grains qui ne s'y vendent pas , ou qui ne s'y vendent que rarement.

Dans d'autres Villes, comme à Montauban & à Caors, on a infcrit les prix de plufieurs qualités de la même efpèce de grain ; alors on a cherché le prix moyen des différens prix de chaque qualité enrégiftrée.

Les Regiftres des Marchés ne contiennent les prix des grains qu'à raifon de la mefure locale de chaque lieu. L'uniformité des termes de comparaifon aide à mieux fentir les rapports. C'eft pourquoi on a réduit toutes les mefures locales au Sétier de Paris (a) & on a calculé pour chaque Ville & pour chaque Élection , à quel prix moyen s'eft vendu chaque efpèce de grain mefure de Paris pendant les trente années échues depuis 1752 , jufqu'en 1781.

Il régne des différences fenfibles dans les prix des fix Élections. Dans l'Élection de Villefranche le prix moyen & commun du Sétier de froment mefure de Paris eft de 19 liv. 9 f. 1 den.; dans celle de Figeac il eft de 19 liv 14 f. 1 den.; dans celle de Montauban de 19 liv. 17 f.; dans celle de Caors de 20 liv. 6 f. 7 den.; dans celle de Rodez de 20 liv. 19 f. 11 d. , & dans celle de Millau de 22 liv. 16 f. 3 den.

Les prix des autres grains ne fuivent pas la même proportion & ne different pas autant les uns des autres. Dans l'Élection de Montauban

---

(a) Voyez le Chapitre précédent.

le feigle fe vend 13 liv. o f. 2 d. ; dans l'Élection de Villefranche
15 liv. o f. 9 den. ; dans celle de Figeac 14 liv. 13 f. 4 den. ; dans
celle de Caors 15 liv. 10 f. 8 den. ; dans celle de Rodez 16 liv. 15 f.
4 den. ; & dans celle de Millau 17 liv. 6 f. 4 den.

Les prix des avoines font dans l'Élection de Villefranche de 6 liv.
8 f. 2 den. ; Dans celle de Figeac de 6 liv. 9 f. 6 d. ; Dans celle de
Caors de 6 liv. 9 f. 6 d. ; dans celle de Rodez de 7 liv. 8 f. 2
dans celle de Millau de 8 liv. , & dans celle de Montauban de 8 liv.
5 f. 10 den.

Les prix moyens & communs de ces trois efpèces de grains font
pour toute la Province, par fétier mefure de Paris , de 20 liv. 10 f.
7 den. ; le froment ; de 15 liv. 7 f. 9 den. le feigle ; de 7 liv. 5 f.
2 den. , l'avoine.

La grande différence qui fe trouve dans les prix des grains entre
l'Élection de Millau & les autres a fixé l'attention. Mais quelque vérification qu'on ait fait , foit dans les Regiftres , foit dans les opérations de calcul , on a conftament trouvé que le feigle & le froment fe
vendoient beaucoup plus cher dans cette partie de la Province qu'ailleurs.
C'eft vraiffemblablement , parce que l'Élection de Millau abondante en
pâturages & en vins, contient moins que les autres de Terres fertiles
en grains, & qu'elle eft féparée des Païs qui en produifent d'avantage , & d'où on pourroit en recevoir par beaucoup de vallées & de
hautes Montagnes, dont les routes font faites depuis peu , & font encore impraticables pendant certains tems de l'année. Enfin , peut-être ,
eft-ce auffi parce que le peu de grains qu'on recueille dans cette Élection fuppléent à l'aprovifionnement des Cévénes & du Gevaudan.

Dans l'Election de Rodez qui a encore moins de chemins que celle
de Millau , les prix y font plus foibles , parce qu'il faut confommer
fur les lieux. Il croît beaucoup de grains dans la vallée de Séverac &
dans le Cauffe de Rodez. D'ailleurs les hautes montagnes de cette Election , fe terminent à la fertile plaine d'Auvergne appellée la Planefe ,
où les habitans de ces montagnes trouvent facilement leur fubfiftance.

Les Elections de Figeac & de Villefranche, font celles où les grains
fe vendent à moindre prix , parce qu'on y en recueille beaucoup & que
les exportations s'y font auffi difficilement qu'ailleurs.

Le prix des grains approche du prix moyen & commun de toute la Province dans les Elections de Caors & de Montauban, auſſi les récoltes n'y ſont-elles pas moins abondantes, les rivières en ſont navigables, les grandes routes y ſont depuis quelques années plus fréquentées & en meilleur état. Les manufactures de farines pour l'Amérique (appellées minoteries) y ont juſqu'à la derniere paix procuré les débouchés les plus avantageux. Enfin, ſi on remarque les plus grandes différences dans le prix des grains pendant certaines années, c'eſt que dans les tems de diſette, la Province eſt preſque ſans reſource. Le prix des grains alors extrêmement cher, eſt encore conſidérablement augmenté par la difficulté du tranſport.

Les regiſtres du prix des productions n'ont pû ſervir qu'à fixer les prix moyens & communs du froment, du ſeigle, de l'avoine & du maïs. Ils contiennent rarement le prix de l'orge, du blé noir ou ſarraſin, & de diverſes eſpèces de mélanges de grains (a). Les prix de ces productions n'étoient heureuſement pas néceſſaires pour les opérations rélatives à la rectification de l'impôt : la culture n'en eſt qu'accidentelle ; en eſtimant la valeur & le revenu des terres, on ne devoit avoir égard qu'aux cultures des premiers grains qui en forment le revenu ordinaire & eſſentiel.

Le prix du maïs ou blé de Turquie n'eſt pas inſcrit dans le regiſtre de pluſieurs villes. Il y a des Elections où l'on n'en vend pas. On trouve des différences aſſez grandes dans les prix d'une ville à l'autre. Le prix commun de toute la Province, eſt à peu-près de 10 livres le ſétier de Paris. D'après ces conſidérations on n'a pas cherché des prix moyens & communs du maïs pour chaque élection. On s'eſt contenté de ſe ſervir du prix de chaque canton. D'ailleurs ce prix a été de peu d'utilité. On ne cultive ordinairement les maïs que dans les terres où l'on a recueilli

---

(a) Les mélanges appellés mixures dans la Province.

Si les prix de ces mélanges ſont inſcrits dans les régiſtres ; c'eſt ſans expliquer la nature du mélange, ſans dire ſi ce ſont des mélanges d'orge & de froment, d'orge & d'avoine, d'orge, de ſeigle & de froment, &c.

du

du froment ou du feigle l'année précédente. L'ufage eft pour évaluer les récoltes en maïs, de prendre la moitié, le tiers ou le quart du produit de la première récolte. On enfemence auffi après le fromens & le feigle, diverfes fortes de légumes, dont les prix éprouvent des variétés de temps & des lieux qu'il n'eft pas poffible de fixer. Les feves font l'efpèce de légume que l'on cultive le plus. On en a évalué le prix commun pour toute la Province à 14 livres le fétier de Paris.

On a trouvé peu de notions pour fixer avec exactitude le prix moyen & commun des vins de chaque vignoble. On ne tient des regiftres de ce prix qu'à Millau, & dans quelques Chapitres où l'on perçoit des dîmes de vin. Les recherches que l'on a faites n'ont donné que des différences affez légéres pour les divers vignobles de la Province. Partout les prix du quintal de vin poids de marc, fe rapproche affez de 3 livres pour pouvoir y fixer le prix moyen & commun de toute la Haute Guienne.

Le peu de différence des prix entre les vins des divers cantons, eft occafionné par la proximité des débouchés offerts à chaque vignoble. Les vins de médiocre qualité fe tranfportent à bon marché dans les montagnes où on les conferve & où ils s'améliorent. Les plus eftimés s'exportent hors de la Province, on les embarque à Bordeaux. L'excès du prix de la vente fur celle des autres vins de la Province, équivaut aux frais & aux rifques de l'exportation, aux droits & aux gênes auxquelles on eft affujetti à Bordeaux.

L'Election de Millau vend les vins de la vallée du Tarn & des rivières affluantes aux habitans des montagnes du Levezou, du Larzac, du Cauffe noir, du Severagués, & quelque peu dans les Cevenes & le Gévaudan.

Les vins de la partie du Lot dépendante de l'Election de Rodez, & de celle de Villefranche, les vins du vallon de Rodez, ceux des côtes de l'Aveyrou fe vendent tous au même prix dans les montagnes voifines du Rouergue & de l'Auvergne.

Les vins du Selé, de la Dordogne, des affluantes des côtés du Lot & de tous les autres vignobles de l'Election de Figeac, & de Caors, fe vendent à peu-près à un prix femblable; une partie de ceux de l'Election de Figeac fe portent en Auvergne en concurrence avec ceux du Rouergue. Les autres vins & ceux de l'Election de Caors, s'embarquent à Bordeaux

D

où les gênes & les droits en rendent le commerce si peu avantageux , qu'on ne défriche pas en Quercy , quantité de terreins qui ne font propres qu'à la culture de la vigne & qu'on y néglige beaucoup la confervation & la fabrication des vins.

Dans l'Élection de Montauban , on ne recueille pas affez de vin pour la confommation.

La Haute-Guienne abonde de chanvre & de chataignes. Comme on ne s'eft nulle part appliqué à améliorer la culture du chanvre , il n'en croît partout que d'une efpèce affez médiocre dont on fait de groffes toiles. Le prix moyen & commun auquel on les vend dans toute la Province eft de 42 liv. le quintal poids de marc. Les chataignes dont plufieurs cantons incultes pourroient abonder , font d'un grand produit dans plufieurs Élections , ces fruits fe vendent communément 6 liv. le fétier de Paris.

Il n'a pas été poffible de fixer un prix commun pour la valeur du foin. Dans deux Paroiffes voifines la qualité & le prix en font différens : le tranfport, faute de bon chemin , eft fi cher & fi difficile que le commerce & la concurrence ne peuvent pas établir l'équilibre des prix. Généralement on manque de foin dans les Montagnes calcaires on l'y achète fort cher ; on en a de fuperflu ; on le donne à vil prix dans les Montagnes fchifteufes , graniteufes & volcaniques.

Enfin , faute encore de chemin praticable, on vend fur un des revers d'une Montagne le bois quinze fois plus cher qu'on ne le vend fur l'autre. Par exemple , à Durenque, fur le fommet du Lagaz , la charrêtée de bois fe vend 8 à 10 fous , tandis qu'à Millau fitué au pied de cette Montagne elle coûte 7 à 8 livres. Il a donc falu eftimer le bois, comme le foin , en fixant des prix locaux pour chaque canton.

Tels font les moyens dont on s'eft fervi pour évaluer les productions de la Province. Tels font les prix moyens des 30 années échues depuis 1752 jufqu'en 1781. Tels font les prix communs dans toute la Province & dans chaque Election : tels font, enfin, les prix qu'on a fixés pour eftimer la valeur des denrées fufceptibles d'eftimation.

On finira l'expofé de ces réfultats , en répondant à deux objections

auxquelles il pourra donner lieu. « La profpérité, dira-t-on, que va
» faire naître une bonne Adminiftration en augmentant la circulation
» des denrées, en améliorant la nature des productions, en animant
» l'induftrie & en excitant la concurrence, augmentera la maffe du
» numéraire; alors tous les prix accroîtront; les productions & les
» biens eftimés en 1784 auront une toute autre valeur. On verra aug-
» menter les prix des grains, des vins, des légumes, des terres & des
» fonds ».

Cela pourra arriver, mais on ne s'eft pas borné à exprimer le prix
du revenu des fols en argent, en fignes convenus pour repréfenter
toutes les valeurs, on l'a encore exprimé en denrées de toute efpèce,
on a dabord démontré que le prix moyen du fetier de blé froment mefure
de Paris étoit de 20 livres dans toute la Province, que le prix moyen
du quintal de vin étoit de 3 livres, &c. Ainfi on faura en tout tems
combien chaque claffe de bien vaudra, non-feulement d'argent ou de
fignes convenus de repréfentation de valeur, mais on faura auffi quel
eft le terme de cette valeur repréfentative, combien elle repréfente de
richeffes réelles, de fétiers de blé, de quintaux de vin, &c. On faura,
par exemple, que le degré des terres dont le produit eft actuellement fixé
à 80 livres vaut quatre fetiers de froment mefure de Paris, parce que
le prix actuel du fetier eft de 20 livres dans toute la Province. Or fi
le fetier parvient à valoir 30 livres, on conclura que la claffe de bien
dont le revenu de l'arpent avoit été eftimé 80 livres lorfque le froment
valoit 20 livres, le fétier devra valoir 120 livres. Ainfi la maffe du
numéraire baiffant ou augmentant, les réfultats actuellement fixés dans
la defcription générale n'en feront pas altérés, parce que les prix
du revenu des terres baifferont ou h"usseront proportionnellement à leur
ancienne eftimation, la quantité de la production fera toujours la même.
Il fuffira, fi l'on veut, de changer ou de conferver les expreffions de
la proportion.

Mais, ajoutera-t-on, « il peut arriver des événemens qui faffent conf-
» tamment baiffer le prix de certaines denrées & augmenter le prix
» de quelques autres, enforte que les proportions actuelles ne feront
» pas les mêmes, certains fonds acquerront de la valeur & d'autres

» en perdront. La valeur des terres à grains, par exemple, pourra
» baiffer avec la diminution du prix des grains, tandis que la valeur
» des vignes hauffera par l'augmentation du prix des vins. »

Cet inconvénient fera fans conféquence, puifque les diverfes natures
de terres produiront toujours la même quantité de fruit, il fuffira
d'en changer l'expreffion des revenus, fi le prix du grain hauffe affez
pour augmenter la valeur des terres qui en produifent; en connoif-
fant les diverfes terres à grains de la Province, il fera facile d'en
augmenter le taux de valeur & de revenu dans la proportion que les
changemens indiqueront. Si les taux du revenu des vignes hauffe, on
pourra par une opération femblable en augmenter le taux déterminé.
La quantité des fruits que produifent toutes les diverfes terres étant
connue, on en évaluera les productions en tout temps & chaque fois
qu'on le jugera convenable par de fimples opérations d'arithmetique.

Toutes ces notions, fuffifent pour apprécier les opérations qu'on
vient de décrire. On va vous en préfenter les détails (a).

CHAPITRE IV.

Évaluation du produit des terres par le prix des ventes.

IL feroit à défirer que les évaluations, dont les Propriétaires font
eux-mêmes les garants, comme les ventes, les fermes, les eftimations
d'Experts puffent fervir de bafe à la jufte répartition des Impôts. L'Adminiftration équitable ne feroit plus forcée à des recherches auffi minutieufes qu'affligeantes, pour découvrir ce que chacun doit à l'Etat.
Examinez, Meffieurs, quelles reffources ces fecours ont préfenté pour
l'eftimation des fonds.

Ce n'eft pas uniquement le revenu des terres qui détermine le prix

(a) On a mis fous les yeux de l'Adminiftration les Tableaux des prix moyens
& communs des denrées dans chaque Ville, dans chaque Election & dans toute la
Province.

auquel elles fe vendent ; la valeur vénale dépend encore de l'emploi le plus avantageux que l'on peut faire de l'argent. La concurrence excite à achêter des terres à grand prix dans le pays où l'on ne trouve d'autre reffource que l'acquifition des terres pour placer l'argent. Au contraire, les ventes font rares & foibles lorfque le commerce offre aux Capita- liftes des profits fupérieurs à ceux de l'agriculture.

Le prix plus ou moins grand des ventes eft auffi occafionné par des néceffités, ou par des convenances perfonnelles à l'acquéreur & au vendeur. On achête à tout prix pour étendre, pour arrondir, pour embellir certaines poffeffions. Le befoin & l'infortune forcent auffi à vendre. D'autres fois on achête des terres pour placer fon argent avec plus de fûreté quoiqu'à un moindre intérêt. Beaucoup d'autres cir- conftances de cette nature concourent à augmenter ou à diminuer la valeur vénale.

Cependant, il régne dans chaque canton un prix commun des ven- tes bien connu. On fait généralement partout à quel prix on achête ordinairement, fi c'eft à cinq, à quatre, à trois & demi pour cent. Toutes les conventions, tous les arrangemens de famille font confor- mes à ce prix commun du canton. Les rapports des Experts l'indiquent & les jugemens des Tribunaux le prefcrivent.

Vous n'ignorez pas par exemple, Meffieurs, que dans les Montagnes prefqu'inacceffibles de la Baftide del Mont & de la Viadene, les ter- res fe vendent & s'eftiment communément à raifon de deux & demi pour cent de revenu, tandis qu'on les vend à trois pour cent dans les Communautés plus ouvertes, plus commerçantes fituées au pied de ces Montagnes.

Il n'eft donc pas poffible de fixer fur le prix des ventes des propor- tions qui fervent de bafe à une répartition équitable des impôts. Il faut réduire toutes les ventes au revenu qu'elles fuppofent ; fans cela, dans les païs où l'on vend à raifon de deux pour cent, l'impôt feroit exceffif, & il feroit trop foible dans ceux où l'on vend à quatre ou à cinq. Il fera partout équitable en le reglant ici fur le revenu de deux pour cent, & là fur celui de quatre ou de cinq : mais comme les ven- tes ne font pas toutes reglées fur le prix commun des ventes du canton , une feule vente ou quelques unes ne fuffifent pas pour fixer le prix commun du canton , ni par conféquent le revenu. Il faut en employér un grand nombre , alors on réunit néceffairement des ventes fortes , des ventes foibles & des convénables dont la combinaifon établit le prix commun que l'on cherche.

L'Arithmétique n'offre pas d'autres règles pour trouver un prix moyen entre diverfes quantités. Que feroit-ce donc que ce prix commun des ventes , fi ce n'étoit pas le réfultat de la comparaifon d'un grand nombre de ventes , parmi lefquelles les plus fortes compenfent les plus foibles ?

Ces confidérations fuffiront pour examiner quand on s'eft fervi utilement des ventes : celles qu'on a rapportées dans la Table d'abonnement , pour juftifier l'eftimation des degrés , n'ont dû procurer que des notions vagues & infuffifantes. On ne devoit préfenter que dix-huit exemples pour chaque degré. Or , en fuppofant que tous ces exemples fuffent des objets vendus , ils n'offriroient que dix-huit ventes pour l'eftimation d'un degré. Chaque exemple eft toujours une terre de même qualité & de même nature. C'eft un de ces objets bornés que l'on vend fouvent par néceffité , & que l'on achète ordinairement par convenance. Que conclure d'une pareille vente pour fixer la valeur ou le revenu de l'objet vendu ? Que conclure de dix-huit de ces ventes feulement pour l'eftimation d'un degré de toute une Province? Non , ces ventes ne peuvent point confirmer l'exactitude des eftimations & des defcriptions , il a falu avoir recours à des inductions plus favorables.

C'eft pourquoi on s'eft rarement fervi d'une vente particulière pour juftifier le revenu d'un objet qu'on prenoit pour exemple. On a toujours réuni à la vente ifolée une Ferme convenue pour plufieurs années , ou une eftimation faite pour faciliter des arrangemens entre particuliers réciproquement intéreffés à l'exactitude. Communément , on n'a même employé la vente que pour examiner fi le vendeur & l'achèteur avoient fuppofé à l'objet vendu , un revenu femblable à celui qu'on préfumoit être le véritable (a).

____

(a) Voyez la feconde Partie de cet Ouvrage.

CHAPITRE V.

Évaluation du produit des terres par les prix des Fermes.

ON afferme les terres de différentes manières, la plus générale est de céder le quart, ou le tiers, ou la moitié des fruits au Fermier. Mais dans ces fortes de Fermes, on ne fixe pas à quelle quantité se portent les fruits qu'on a abandonnés ou qu'on reçoit. Les baux ne donnent aucun moyen d'évaluer le produit.

On afferme aussi à prix d'argent ; d'autres fois le Fermier doit rendre au Propriétaire une somme fixée, & une certaine quantité de fruits. Souvent la Ferme se paye entièrement avec une ou plusieurs fortes de fruits dont la quantité est convenue ; certains baux à ferme imposent au Fermier des charges personnelles, comme celles de voiturer des denrées, du bois, &c. Toutes ces Fermes s'assimilent facilement, en évaluant en argent les prix convenus, & en estimant les charges personnelles fur les baux même.

En Haute-Guienne, les biens ruraux ne forment pas des Domaines aussi considérables que l'on en voit dans d'autres Provinces. La Ferme la plus grande de ce genre est de 12000 liv., & il est rare d'en rencontrer d'autres dont le prix aille de 3 à 4000 liv. Cette modicité des Fermes est cause qu'elles ne sont recherchées que par des Cultivateurs peu aisés, auxquels le Propriétaire est souvent obligé de donner des avances en bestiaux, en instrumens aratoires & en semences.

Si le Propriétaire ne fait aucune avance, le prix de la Ferme représente le revenu du Domaine, distraction faite de tous les frais de culture : si le Propriétaire fait des avances, il faut les distraire en les évaluant fur l'inventaire qui est joint au bail, & suivant le prix commun des objets décrits. Alors on connoit le revenu quitte de tous frais de culture ; si le Fermier est chargé de payer les Impositions & charges Royales, le prix de la ferme devient le revenu imposable à la Taille.

Il refte à obferver que l'on n'a fait ufage des Fermes, que quand elles étoient contractées à longs-termes. On a cru qu'il feroit dangereux d'employer celles de peu de durée pour lefquelles on ufe de moins de précaution. Enfin, on a trouvé le plus grand fecours pour l'évaluation du produit des terres dans les Fermes dont le prix commun eft arrêté par l'ufage du canton. Tel eft le prix des fermes des meilleurs fonds de la Province. On fait partout combien s'afferment les chenevières, les jardins potagers de la première, de la feconde & des autres qualités.

CHAPITRE VI.

Évaluation du produit des terres par le prix des eftimations d'Experts.

VEUT-on vendre, veut-on achéter, veut-on partager des biens, eft-il queftion de rembourfer les intérêts des légitimes, d'en liquider les fruits, on nomme de part & d'autre des Experts pour procéder à l'eftimation? Arrive-t-il des conteftations quelconques rélatives au revenu & à la valeur des fonds, on convient de la faire vuider par des Experts? Si la conteftation eft portée à un Tribunal, c'eft par le fecours des Experts, que les Juges acquiérent les lumières convénables pour juger définitivement.

Le Procès Verbal que font les Experts pour conftater leur eftimation s'appelle *rapport*. Il eft d'ufage que dans ces rapports, ils décrivent tous les articles d'un bien à la fuite les uns des autres, qu'ils fixent l'étendue de chacun, & qu'ils aprécient féparément la valeur de chaque article au moment qu'ils opérent, & s'il eft néceffaire, celle qu'il a eu dans un tems paffé & déterminé.

Quand ces rapports font acquiefcés par les parties, quelle confiance ne doit-on pas y prendre? C'eft l'ouvrage de quatre perfonnes & fouvent d'un plus grand nombre qui fe réuniffent pour en affurer l'exactitude. On voit d'un côté ceux qui font faire l'eftimation, mettre en oppofition les intérêts les plus actifs pour la rendre plus exacte, &

d'autre

d'autre part, ceux qui eſtiment attacher leur honneur, leur réputation & leur devoir à la perfection de leur rapport.

Il ne peut y avoir à rédouter dans le prix fixé par un rapport d'Experts, aucune raiſon de néceſſité ou de convénance, comme on en trouve pour les ventes, on ne peut concevoir aucune crainte d'erreur comme pour certaines fermes. Il n'eſt pas queſtion de colluſion pour diminuer les droits de contrôle & ceux des Seigneurs. Tous ceux qui concourent à l'eſtimation ſont intéreſſés à en vérifier l'exactitude. En un mot, ces eſtimations ne ſont pas faites arbitrairement ; mais ſuivant des règles & des principes. Ces actes ſont donc ſuffiſans pour donner toute confiance aux réſultats qu'ils contiennent.

L'Adminiſtration & le Gouvernement pourroient-ils exiger pour la répartition de l'Impôt, des eſtimations plus exactes que celles qui ſervent de baſe aux accords des familles & dont le Contribuable eſt plus intéreſſé que l'État à faire réconnoître la vérité ?

Comme on a trouvé dans toute la Province beaucoup de rapports d'Experts, on en a fait un uſage fréquent ; on les a employés avec avantage pour juſtifier l'exactitude des deſcriptions. Quand le rapport d'Experts n'exprimoient que la valeur des héritages, on en a conclu le revenu ſuivant les principes qui ont été dévéloppés précédemment pour les ventes. Si ces rapports n'avoient aucun égard à la Dîme, aux charges Royales & Seigneuriales comme cela arrivoit le plus fréquemment, on en concluoit le revenu impoſable à la Taille.

CHAPITRE VII.

Exemples qui juſtifient l'exactitude des deſcriptions.

C'ÉTOIT une grande idée que celle de juſtifier par des exemples la deſcription des terres & l'évaluation du revenu qu'elles produiſent. Ces exemples pris dans chaque Élection & dans tous les cantons de la Province, ſont des points de comparaiſon qui rendent ſenſible ce que les deſcriptions ont d'abſtrait. Toutes les Communautés & même

les Propriétaires peuvent fans autre fecours réconnoître les degrés auxquels leurs poffeffions doivent appartenir. On ne pouvoit rien imagi-
ner de mieux pour l'inftruction des Experts. Il fuffira qu'ils parcou-
rent les exemples des cantons où ils travaillent pour diftinguer les
divers fols qu'on y rencontre & pour les comparer avec les autres
fols de la Province.

Que de difficultés na-t-on pas eu à furmonter pour recueillir ces
matériaux , il a fallu compulfer les Actes des Notaires & les Regiftres
des Bureaux de Contrôle. On a fatigué continuellement les Membres ,
les correfpondans de l'Adminiftration & un grand nombre de Citoyens également devoués au bien Public. On a payé exceffivement
cher la découverte des exemples dans les cantons où ils étoient plus
rares. Pour completer la defcription , il a fallu revenir plufieurs fois
fur les mêmes objets. Combien d'exemples imparfaits a-t-on rejetté avant
d'en trouver d'exacts.

Les exemples font connoître dans le plus grand détail les fonds dont
ils font la defcription. Ils indiquent toutes les circonftances rélatives aux
propriétés , aux cultures , aux qualités phifiques , à l'expofition , à la
fituation , aux débouchés, au prix des ventes & des fermes , à l'évaluation des Experts , au produit des fruits , aux rentes , aux impofitions & à
l'opinion des perfonnes les plus éclairées. Quelquefois les exemples fe
rapportent à des defcriptions générales de fols ; enforte qu'il n'a pas été
néceffaire d'y réunir autant de détail.

On a expofé dans les chapitres précédents , les principes fuivant lefquels on a uniformément décrit la nature du fol , l'expofition ,
les cultures , la fituation ; comment on a employé les ventes , les fermes ,
les rapports d'Experts , &c. Mais il eft néceffaire de rappeller que le
produit rapporté dans les exemples, eft formé fans aucune autre diftraction
que celle des frais de culture ; ainfi un exemple dont le produit eft de
90 livres par arpent, ne comprend que le produit qui refte au propriétaire , après avoir payé les frais de culture. C'eft le produit impofable
à la Taille. C'eft le produit fur lequel il faut payer la dîme , les rentes ,
les impofitions royalles & locales.

La defcription de tous les fols eft juftifiée par 2299 exemples. Ce font tous des biens affermés, eftimés ou vendus : il y a quelques degrés rares dans la Province, fur lefquels on n'a pû reunir affez de détail, pour en former des exemples. Il y en a d'autres dont on n'offre pas des exemples dans toutes les Elections, parce qu'on n'y en a pas trouvé.

CHAPITRE VIII.

Rédaction de la defcription des diverfes qualités de fols, ou de la Table d'abonnement (a).

LA defcription générale des fols, ou la Table d'abonnement eft divifée en autant de defcriptions ou de Tables particulières, qu'il y a de nature de cultures dans la Province ; ainfi elle comprend fept defcriptions. La première eft celle des jardins, la feconde eft celle des terres labourées, la troifième celle des prés, la quatrième celle des vignes, la cinquième celle des chataignéraies, la fixième celle des bois, & la feptième celle des pâturages.

Chacune de ces defcriptions eft divifée en autant de degrés qu'on a rencontré de divers produits dans la nature des cultures dont elle eft la defcription. Vous vous rappellez, Meffieurs, que c'eft le prix du produit impofable d'un arpent qui caractèrife chaque degré. On compte quarante un degrés. Le premier degré comprend les terres qui produifent moins de dix fous. Les autres degrés les terres qui produifent 10 fols, 20 fols, 30 fols, 2 liv., 2 liv. 10 fols, 3 liv., 3 liv. 10 fols, 4 liv., 5 liv., 6 liv., 7 liv., 8 liv., 9 liv., 10 liv., 11 liv., 12 liv., 13 liv., 14 liv., 15 liv., 16 liv., 17 liv., 18 liv., 19 liv., 20 liv., 25 liv., 30 liv., 35 liv., 40 liv., 45 liv., 55 liv., 60 liv., 70 liv., 80 liv., 90 liv., 100 liv., 120 liv., 136 liv., 150 liv., 200 liv.

Pour décrire chaque degré, on a divifé les objets en cinq articles. Le premier contient la defcription phyfique, le fecond la fituation & l'expofition, le troifième tout ce qui eft rélatif aux cultures, aux frais

---

(a) L'Adminiftration a ordonné l'impreffion de cette defcription.

qu'elles exigent & aux produits qu'elles procurent , le quatrième fous le titre d'obfervation renferme les notions propres à caractérifer les fols , à en apprécier le produit , & celles dont on n'a pû traiter dans les articles précédens. On y a rapporté l'hiftoire des différentes productions de la terre, des ufages & du commerce que l'on en fait ; on n'y a ômis aucun détail rélatif à l'agriculture , à l'économie rurale , à tout ce qui peut faire connoître l'étendue des richeffes naturelles de la Province ; on y a décrit les diverfes efpèces de fubftances minérales qui caractérifent les fols. Telles que le grès , les fchiftes , les quartz , les granites , &c. Enfin , le cinquième article défigne les divers exemples donnés pour la juftification de chaque degré.

Comme ce n'eft que le prix du produit qui caractérife les degrés , la defcription d'un degré contient ordinairement plufieurs efpèces de fols différens ; c'eft pourquoi chaque article eft divifé en autant de paragraphes que le degré contient de fols. Par exemple le degré des terres labourées qui produifent dix fols par arpent, eft divifé en huit paragraphes. Le premier paragraphe eft rélatif aux terres fchifteufes ; le fecond aux terres graniteufes ; le troifième aux terres mixtes compofées de grès & de fchifte ; le quatrième aux terres calcaires ; le cinquième aux terres ollaires ; le fixième aux terres argilleufes blanches mêlées de craie ; le feptième aux terres argilleufes , rouges ou noires , coupées par des lits d'ardoife , & placées entre de bancs de pierres calcaires ; le huitième aux terres graveleufes remplies de gravier & de fable de quartz.

On a été forcé de s'affervir à autant de divifions & de fubdivifions , parce qu'il falloit embraffer une forme méthodique pour traiter des objets auffi multipliés & auffi abftraits.

On a fuivi la nature pour la formation des degrés , mais la nature ne fe prête que difficilement à une claffification de divifions. Elle offre autant de terres de produits différens qu'on compteroit de deniers entre le prix de la terre du plus grand & celle du moindre revenu. Qui pourroit faifir tant de variétés ? Qui pourroit les décrire toutes , fans attribuer à une efpèce de terre ce qui appartient à une autre ? Notre efprit fe perd dans les détails trop étendus , nos organes font trop imparfaits pour reconnoître les extrêmes. Il faut néceffairement que nous nous fervions de termes moyens pour décrire la nature telle que nous la voyons avec les nuances groffiéres qui tombent fous nos fens, avec les différences & les reffemblances qui conviennent à notre incapacité. L'art d'eftimer les terres n'eft pas fufceptible d'une plus grande perfection & il n'y a pas encore atteint. Perfonne ne peut apprécier exactement combien un Champ produit ; on ne l'eftime que par des approximations fi peu fufceptibles d'une rigoureufe exactitude, que nos Lois prononcent la validité des évaluations , tant qu'elles ne font pas au-deffus du tiers de la valeur réelle.

Mais fi l'on n'a pu décrire toutes les différences qui exiftent dans la nature, il ne falloit omettre aucune nuance fenfible & par conféquent il a été néceffaire de multiplier les termes de la divifion autant qu'il étoit poffible.

Enfin , il n'a pas été poffible de mettre cet Ouvrage à la portée de tous les efprits. Il a fallu employer des termes thechniques & s'affervir à un ftile abftrait qui fatiguera néceffairement ceux qui ne liront les defcriptions que par curiofité. Mais la méthode qu'on a fuivi , la clarté & la précifion qu'on a recherché en rendront l'étude facile.

On n'a pas entièrement fuivi le même ordre pour la defcription des jardins que pour les autres natures de fonds , parce que les notions rélatives à la culture des jardins font à peu-près les mêmes pour tous, aulieu que la culture d'un pré , d'une vigne d'un degré , différe de celle d'un autre degré.

Dailleurs les defcriptions ne comprennent que des jardins fitués aux environs des Bourgs & Villes. Les jardins des Villages & des campagnes , ne peuvent être eftimés, ainfi qu'il a été arrêté par l'Adminiftration (a), que fur le pied du meilleur terrein du lieu où ils fe trouvent ; fi quelquefois ces jardins produifent d'avantage , c'eft l'effet des circonftances momentanées , ou de l'induftrie paffagère de celui qui les cultive.

(a) Procès Verbal de l'Affemblée de 1780 , page 186.

On n'a pas compris dans cette Table les parterres, les terraſſes, les petits jardins joignant les maiſons des Villes, parce que l'Adminiſtration a arrêté qu'ils feroient eſtimés conjointement avec les maiſons (a).

Quelques jardins peuvent avoir une valeur vénale au deſſus du revenu qu'on a fixé ; mais il faut convenir que cette valeur eſt purement de convenance, & que ces jardins ſe vendent toujours beaucoup plus qu'ils ne ſont ſuſceptibles de produire. Dailleurs quelle nature de produit rapporte le plus grand nombre des jardins, ils ne procurent ſouvent qu'un délaſſement agréable aux habitans des Villes, ou ils ſuppléent à la ſubſiſtance des pauvres familles. N'eſt-ce pas les eſtimer bien rigoureuſement, que d'en porter le produit depuis 50 liv. juſqu'à 200 liv. par arpent. Au reſte, il ne faut pas ici de règle pour eſtimer les avenues, les pièces d'eau, les boulingrins & les boſquets. On goûte rarement en Haute - Guienne les jouiſſances de l'aiſance, comment y trouveroit-on celle du luxe ? On rencontre peu de jardins fruitiers : les fruits qu'on recueille dans la Province, ſont produits par les arbres plantés çà & là dans les vignes & dans les jardins. Ainſi on n'a pas fait de claſſe à part pour les vergers. Le petit nombre qu'on en a trouvé a été confondu avec les autres natures de culture.

CHAPITRE IX.

Evaluation du produit des maiſons.

LA deſcription générale comprend toutes ſortes de biens ſujets à l'Impôt territorial, excepté les maiſons dont l'eſtimation doit ſe faire ſuivant des principes particuliers. L'Adminiſtration a arrêté, que celles qui ſont ſituées dans les Campagnes & les Villages, feroient eſtimées ſur le pied du meilleur terrein du lieu ; que les maiſons ſituées dans les Bourgs & les grandes Villes feroient appréciées ſur la valeur com-

____

(a) *Idem.* page 185.

binée des actes de vente & de location, déduction faite des dépenses d'entretien & des réparations (*a*), il n'est pas possible de former une Table générale des maisons pour remplir ces vûes. Les maisons des Villages & des Campagnes offrent autant de divers degrés, que l'on rencontre de terreins auxquels elles avoisinent. Chaque Ville présente autant de variété dans les prix & dans les valeurs des maisons, qu'il y a des quartiers plus ou moins fréquentés. On s'est contenté de recueillir 155 exemples des maisons de différens prix. On peut les regarder comme 155 exemples de 155 degrés différens. Quand on appliquera le taux commun trouvé dans une Ville, on pourra y former une table selon le prix des maisons de chaque quartier (*b*).

(*a*) Procès Verbal de l'Assemblée tenue en 1780, pag. 187.

(*b*) Un grand nombre de bons Citoyens ont eu part aux recherches infinies qu'il a fallu faire pour décrire les diverses qualités de sols de la Province. On ne se bornera pas à leur donner les témoignages de reconnoissance. On indiquera dans la description même les secours que la Province leur doit ; on y fera à chacun honneur de son travail.

SECONDE PARTIE.

Proportion de l'Impôt avec le produit des fonds , ou taux-commun d'Impofition.

INTRODUCTION.

IL réfulte des opérations faites pour fixer le taux-commun d'Impofition ou la proportion qui régne entre l'Impôt & le produit des fonds.

1°. Que dans les Communautés moyennement impofées tous les fonds de Terres , telles que les Prés , les Vignes, les Terres labourées , &c. , font taxées pour la Taille au 6e. du produit , déduction faite des frais de culture feulement.

2°. Que dans les Villes moyennement impofées les Maifons le font au quart du revenu , déduction faite de ce qu'il en coute ordinairement en frais d'entretien & de réparation.

3°. Que dans les Communautés lefées par la répartition actuelle , la Taille fe porte au tiers du produit , déduction faite des frais de culture.

4°. Enfin , que dans les Communautés les moins impofées, la Taille fe porte au 12eme. du même produit.

Examinez , Meffieurs , jufqu'à quel point ces réfultats méritent votre confiance , rappellez-vous qu'ils ne déterminent le taux-commun d'Impofition que par approximation & fuivant un degré de probabilité que vous avez jugé fuffifant à votre objet ; en vous expofant les moyens dont on s'eft fervi pour les trouver , on n'ometra aucune circonftance , aucun détail propre à fixer votre opinion.

CHAPITRE

CHAPITRE PREMIER.

Division des Communautés en cinq Classes.

POUR déterminer le taux commun de la Taille , on a dabord ré-
cherché conformément au vœu de l'Adminiſtration , (*a*) quelles étoient
les Communatés préſumées bien ou moyennement impoſées. On a rempli ce
premier objet en 1782. Il en a été rendu compte à l'Adminiſtration. pendant ſa précédente Aſſemblée : (*b*) On a mis ſous ſes yeux un Tableau pour chaque Élection, dans lequel toutes les Communautés ſont
diviſées en cinq Claſſes. La première Claſſe contient les Communautés qui ſont les moins impoſées : la ſeconde celles qui le ſont bien :
la troiſième celles qui le ſont trop : la quatrième celles qui le ſont
beaucoup trop : & la cinquième celles ſur leſquelles on n'avoit point
d'opinion arrêtée (*c*). L'Adminiſtration a reconnu que c'eſt à l'impoſition des Communautés de la ſeconde , & de la troiſième claſſe ,
qu'il convenoit d'aſſimiler le ſort de celles qui mériteroient des diminutions (*d*).

Vous vous rappellerez , Meſſieurs , que la diviſion des Communautés
a été juſtifiée par les deſcriptions particulières de chaque Communauté , (*e*) par les états des impoſitions que Meſſieurs les Officiers

---

(*a*) Voyez le Procès Verbal de l'Aſſemblée de 1780 , page 194.

(*b*) Voyez le Procès Verbal de l'Aſſemblée de 1782 , page 169.

(*c*) Voyez ces tableaux N°. 3 , 4 , 5 , 6 , 7 & 8 ; ils ſont diviſés en cinq colonnes , chaque colonne comprend une des cinq claſſes des Communautés.

(*d*) Voyez le Procès Verbal de l'Aſſemblée 1782 , page

(*e*) Voyez ces deſcriptions, elles ſont diviſées en cinq parties une pour chaque
Élection. N°. 9 , 10 , 11 , 12 , 13 & 14.

Ces deſcriptions préſentent pour chaque Communauté. 1°. La ſomme totale des
Impoſitions qu'on y payoit en 1779 , & ce qu'il faut en ſouſtraire , ſoit pour les
charges de la Province, ſoit pour celles des Communautés. 2°. Le rapport de la taxe
du Vingtième , à celle de la Taille, parce qu'en répartiſſant le Vingtième , on avoit

F

des Élections ont dreffées, & auxquelles ils ont joint des obfervations fur la moindre ou la trop forte Impofition de chaque Communauté, (*a*) par les états de diftribution des Dons accordés depuis 1725, aux Communautés que l'on préfumoit furchargées (*b*) par les obfervations de Meffieurs les Officiers de l'Election , & des Receveurs des Tailles fur les vices de la diftribution des foulagemens , (*c*) par des recherches fur les opérations que les répartiteurs du vingtième ont faits pour

---

adouci la taxe dans les Communautés préfumées furchargées de Taille. 3°. La même recherche a été faite pour le même motif fur la Capitation. 4°. Le nombre des dons donnés depuis 1725 à ces Communautés , foit fur le trop Allivré pour les foulager lorfqu'on les a crû lefées par la répartition , foit fur le moins impofé lorfqu'elles avoient effuyé des pertes & des accidens. 5°. L'opinion de Meffieurs les Officiers de l'Election , les Receveurs des Tailles , les Subdélégués , les Intendans , les Membres , & Correfpondans de l'Adminiftration , fur la plus ou moins grande taxe d'impofition. 6°. Les notions rélatives à l'agriculture & au produit des terres. 7°. Les notions rélatives au commerce & aux manufactures. 8°. Les notions rélatives à la population. 9°. Ce qui fe trouve d'utile, ou qui peut intéreffer la curiofité, les faits hiftoriques, les monumens, les fingularités de la nature , les mines , les eaux minérales , &c. 10°. Dans les Villes les établiffemens publics , les Tribunaux , les Chapitres , les Abbayes, les Hôpitaux , &c.

(*a*) Voyez ces états Nº. 15, 16, 17, 18, 19 & 20 ; ils font divifés en douze colonnes. La première indique le nom des Communautés. Les neuf colonnes qui fuivent les diverfes Impofitions royalles & locales que chacune paye. La onzième l'état des revenus Patrimoniaux ; & la douzième les réflexions de Meffieurs les Officiers de l'Election , fur le fort de chaque Communauté.

(*b*) Ces obfervations étoient contenues dans les états précédens.

(*c*) Ces états font dépofés au Bureau de la Commiffion intermédiaire ; ils font divifés en cinq colonnes. La première comprend le nom des Communautés ; la feconde la date de chaque année ; la troifième les dons faits fur le trop allivré ; la quatrième les dons accordés fur le moins impofé ; la cinquième les obfervations faites par Meffieurs les Officiers de l'Election , fur les vices de la diftribution des dons. Ces états ont été rédigés avec beaucoup de foin , on y découvre facilement le peu d'ordre qu'on fuivoit dans la diftribution des dons. Rarement les dons pour la furcharge étoient-ils deux années de fuite les mêmes , fouvent on y voit les mêmes Communautés paroître & difparoître tour à tour pendant plufieurs années. L'on y trouve auffi les plaintes des Officiers des Elections, fur ce qu'on accordoit des dons à des Communautés qui n'é-

adoucir la quote des vingtièmes dans les Communautés qu'ils ont (*a*)
crues furchargées de Tailles , par divers Mémoires de Meffieurs les
Receveurs des Tailles , les Subdélégués , les Membres & les Correfpondans de l'Adminiftration (*b*) , enfin par les notions que vos
Commiffaires ont recueilli dans ces diverfes Communautés (*c*).

CHAPITRE II.

Exemples employés pour déterminer la proportion qui regne entre l'Impôt
& le produit des fonds.

POUR découvrir cette proportion ou le taux commun de la Taille ,
on s'eft fervi d'exemples de biens fonds confidérables , dont le revenu
avoit été fixé par des Actes publics. Tels font les métairies ou les
domaines affermés pour plufieurs années ; tels font les domaines eftimés par des Experts , dont les rapports ont été acquiefcés par des
perfonnes intéreffées à les contredire ; tels font les domaines vendus
au prix fixé par de femblables eftimations ; tels font à plus forte raifon
les domaines qui ont été affermés , eftimés & vendus.

On a auffi recherché dans les Villes des exemples de maifons vendues , eftimées ou affermées , afin de fixer particulièrement le taux

---

toient pas trop allivrées , & que l'on en refufoit à d'autres qui méritoient d'en recevoir par leur furcharge.

(*a*) Voyez le mémoire adreffé en 1776 au Miniftre , par le Sr. Dubu , directeur
du Vingtième ; [Nᵒ. 21.] & voyez l'état des Impofitions du vingtième dans les
diverfes Communautés.

(*b*) Voyez quelques uns de ces mémoires dans le recueil des journaux des voyages
des Commiffaires de l'Adminiftration pour la répartion des impôts. Ces journaux font
dépofés au Bureau des Ingénieurs géomètres.

(*c*) Ces notions font contenues dans le recueil des mêmes journaux de voyage.
C'eft un ouvrage qui n'a aucun ordre , & qui eft très volumineux , afin de faire connoître les matières qu'il contient & de pouvoir en faire ufage à volonté , on les a
indiqués dans deux tables. La première eft redigée en forme de Dictionnaire géogra-
phique ; la feconde eft celle des matières , elle eft dreffée par ordre alphabétique.

commun de la Taille des maifons , parce qu'on s'eft apperçu qu'il n'étoit pas le même que celui des biens fonds.

Chaque exemple défigne le nom de l'Election & de la Communauté où on l'a pris , le nom du Propriétaire ; celui du vendeur , s'il a été vendu ; celui du Fermier, s'il a été affermé & celui des Experts, s'il a été eftimé. On y trouve la date des ventes & des fermes , & celle des rapports d'Experts ; les noms des Notaires devant lefquels ces Actes ont été paffés , le prix de la vente , celui de la ferme & de l'eftimation , le revenu impofable. On y a infcrit l'allivrement qu'il fupporte dans le Cadaftre, ce qu'il doit de taille & de vingtième, & les diverfes charges locales, Provinciales & Seigneuriales , quand il a été néceffaire de les connoître pour fixer le revenu (a).

Rien n'étoit plus facile que de favoir dans quelle Election , dans quelle Communauté fe trouvoit l'exemple qu'on employoit, pour connoître les Vendeurs , les Fermiers , les Experts & les Notaires , le prix & la date des ventes, des fermes & des eftimations , on confultoit les baux & les rapports d'Experts. Il a fallu feulement fe livrer à des calculs très-longs pour déterminer les diverfes Impofitions de chaque exemple.

CHAPITRE III.

Produit impofable à la Taille.

AVANT de vous rendre compte , Meffieurs , des opérations qui fixent la proportion de la Taille avec le revenu des fonds , il eft dabord néceffaire de vous rappeller que le produit impofable à la Taille eft le produit des fonds , fans aucune autre diftraction que celle des frais de culture (b).

(a) Voyez ces exemples dans le recueil des pièces juftificatives, depuis le N°. 30 , jufqu'au N°. 816.

(b) Procès Verbal de 1780 , page 181.

On ne peut pas former le produit impofable à la Taille fur les prix des ventes feulement , parce que celui qui achete fixe la valeur de l'acquifition fur le revenu , diftraction faite , de la portion affectée à acquitter les Impofitions, la Dîme, les Rentes , &c.

Ainfi quand on a pris pour exemple des biens vendus , il a fallu ajouter au revenu qu'indiquoit la vente , celui que l'Acquéreur en avoit fouftrait, celui de la Taille , celui des deux & des trois vingtièmes, fi l'on payoit alors deux ou trois vingtièmes , celui des charges Provinciales & locales , celui de la dîme & des rentes.

Le revenu impofable à la Taille ne peut être fixé définitivement par le prix de l'eftimation des Experts , à moins que leurs rapports n'indiquent la fouftraction qu'ils ont faite rélativement à la dîme , aux charges Royales , Locales & Seigneuriales ; car , ordinairement l'objet de ces rapports eft de faire connoître la valeur fixée fur le revenu dont le Propriétaire jouit réellement.

CHAPITRE IV.

Etats fur lefquels on a calculé la proportion de l'Impôt.

APRÈS avoir recueilli tous les exemples qu'on a pu fe procurer dans les diverfes Communautés , on en a formé les quatre états ci-joints. Le premier comprend tous les exemples des biens fonds pris dans les Communautés moyennement impofées. Le fecond ceux des maifons , des Bourgs & des Villes impofées de même. Le troifième les exemples des Communautés préfumées trop impofées , & le quatrième ceux des Communautés qui font moins impofées.

Ces états font divifés en cinq colonnes. La première colonne contient, par ordre alphabétique , le nom des Communautés où l'on a pris des exemples. La feconde, le nom des Elections où fe trouvent ces Communautés. La troifième , l'indication de l'exemple & le nom du Propriétaire. La quatrième, le revenu impofable. La cinquième, le montant de la Taille que l'exemple fupporte.

Au bas de chaque page & à la fin de chaque état on a additionné le revenu de tous les exemples, & celui des fommes portées dans la colonne de la taille, enforte qu'il eft facile de reconnoître combien ces exemples fupportent de Taille, fi la Taille eft la moitié, le tiers, le quart du produit, en un mot, quel eft le taux d'Impofition auquel tous les exemples de ces quatre états font taxés.

CHAPITRE V.

Proportion de l'Impôt avec le produit des fonds, ou taux commun de la Taille.

Dans les Communautés moyennement impofées, le revenu des exemples des fonds des terres fe porte à 249903 liv., la Taille à 41191 liv., enforte que la Taille y eft environ le fixième du produit impofable.

Dans les Villes dont les maifons font moyennement impofées, le revenu des exemples des maifons fe porte à 16252 liv., & la Taille à 3612 liv., enforte que la Taille des maifons eft à peu-près le quart du revenu.

Dans les Communautés lefées par la répartition actuelle, le revenu de tous les exemples fe porte à 37410 liv., & la Taille à 11609 liv.; la Taille y eft donc beaucoup plus forte que le tiers du produit impofable. Mais on a obfervé de ne pas faire entrer dans la formation du taux commun des Communautés, des exemples des maifons qui y font fouvent taxées à beaucoup plus d'Impofition qu'elles ne produifent & ne peuvent produire de revenu.

Dans les Communautés les moins impofées, le produit des exemples eft fixé à 37410 liv., & la Taille à 2965 liv., enforte que la Taille n'y eft que le douzième du produit impofable.

Tels font les taux des trois claffes de Communautés peu ou bien, ou trop impofées. Mais rappellez-vous, Meffieurs, que ces réfultats ne procurent que des rapports probables de la proportion de l'impôt :

quoique l'Académie des Sciences ait jugé comme vous, que ces réfultats fuffifoient à votre objet, en donnant une approximation affez exacte (a) ; cependant ne feroit-il pas fage & prudent de ne fixer qu'au cinquième du produit, le taux commun d'Impofition des Communautés auxquelles il faut accorder des foulagemens ? Sans doute qu'il pourroit arriver que ces Communautés n'obtiendroient pas des diminutions affez fortes ; mais on feroit affuré de leur en donner déjà de confidérables, & on fe ménageroit les moyens de leur en procurer de plus juftes, quand le renouvellement d'un grand nombre de Cadaftres auroit établi la véritable proportion. On ne courroit pas les rifques que doit toujours laiffer l'incertitude des probabilités, de donner des fecours trop forts, qui deviendroient une furcharge pour les autres Communautés de la Province.

On croit, Meffieurs, qu'il eft encore important d'obferver, qu'en ajoutant à la Taille les autres charges du Propriétaire, les vingtièmes, la dîme qui eft à peu-près le feptième du produit impofable à la Taille, les rentes qui font au moins égales à la dîme, l'Impofition en rachat des corvées, qui eft le onzième de la Taille, l'Impôt du trop allivré dont il ne doit rien refter aux Communautés de cette claffe, les charges locales ordinaires & extraordinaires, les grandes réparations, les avances foncières qu'on ne peut apprécier, les frais de recouvrement forcés, ceux des faifies, des fequeftres & des contraintes : on reconnoîtra que dans les Communautés moyennement impofées, il ne refte pas au Propriétaire la jouiffance du tiers du revenu, & que dans les Communautés lefées par la répartition, les Propriétaires font réduits à la condition de fimples Fermiers qui recueillent à peine dequoi recupérer les frais de culture.

Le fort de ces Communautés paroîtra encore plus accablant, fi l'on comprend dans ce calcul la Capitation qui fe leve dans les cantons où il ne regne aucune forte d'induftrie, & où les taxes perfonnelles ne peuvent être acquittées que fur le revenu des terres.

(a) Voyez le Rapport des Commiffaires de l'Académie des Sciences de Paris.

Il faut encore confidérer qu'on n'a omis dans les apréciations des fonds de la Province aucune forte de biens. On a même donné un prix & fixé un produit à la chaumière du laboureur, parce que cette chaumière eft actuellement taxée auffi rigoureufement que toute autre nature de bien. On n'a pas même fouftrait du nombre des exemples qui devoient faire connoître le rapport du produit avec l'Impôt , les jardins dont la valeur a été portée à des prix exceffifs par des convenances extraordinaires de fituation & d'agrément.

Enfin , Meffieurs, perfonne n'ignore que le fort des Communautés les plus impofées, eft fi rigoureux , qu'on a vû plufieurs fois les propriétaires en abandonner le Territoire. Qui ne fe rappelle pas que les habitans de St. Sernin ont fait jufqu'à dix fois l'abandon de leurs biens, & ménaçoient encore de revenir à cette affligeante réfolution lorfqu'ils ont eu recours à l'Adminiftration ? On a vû , il y a quelques années un abandon de la Communauté de Boiffe combiné entre les Habitans , le Seigneur & le Décimateur de cette Communauté. On n'accumulera pas une infinité de faits de même nature : Vous les connoiffiez, Meffieurs , lorfque vous avez projetté de rectifier la répartition de la Taille,

---

CHAPITRE VI.

Impoffibilité de fixer le taux-commun fur les exemples de la defcription générale des diverfes qualités de fols.

IL n'a pas été poffible de fixer le taux commun fur les exemples de la Table générale d'abonnement , foit que les Cadaftres ayent généralement été mal faits, foit que le laps des temps ait altéré les proportions qu'ils avoient fixées : il régne la plus étonante difproportion dans le taux de l'impofition des exemples de terre de même qualité & de même produit. Dans certaines Communautés comme à Villefranche & à Compeyre l'Impofition des Maifons eft extrêmement plus forte que celle des Terres. Ailleurs, comme à Montauban, à Fonds ,

&

& à Réalville, certains cantons font beaucoup plus taxés que les autres. Dans quelques Communautés comme à Campagnac, à Cailus, on fe plaint que les Bois ont été excessivement plus allivrés que les autres natures de fonds. Il y a des Communautés telles qu'Albias, Bach, Mondoumerc, Conquets où l'Imposition est repartie fans aucun égard à la valeur des héritages, enforte qu'une certaine mefure du meilleur degré, n'y est pas plus taxée qu'une même mefure de plus mauvais. Enfin, dans un grand nombre de Communautés, comme Rodez, Efpalion, St. Geniez, les meilleurs fonds font épargnés & l'Imposition porte prefque toute fur les plus mauvais.

Les exemples dont on s'est fervi pour fixer le taux-commun de la Taille, ne font pas fufceptibles des mêmes inconvéniens.

Ces exemples étant des objets confidérables, des corps entiers dé Domaine, ils comprennent des biens de toute qualité, des bons comme des mauvais ; fi donc les cadaftres des Communautés où on les a pris impofent une qualité de terre plus qu'une autre, les mauvaifes terres proportionellement plus que les bonnes, la difproportion difparoît dans l'exemple ; puifqu'il contient des parties foiblement impofées & des parties qui le font trop.

Comme ces exemples comprennent auffi des biens de toute nature de culture, de terres labourées, de vignes, de bois, &c. Si le cadaftre de la Communauté où l'on a trouvé des exemples n'impofe pas équitablement toutes ces natures de biens, s'il taxe proportionellement plus les terres labourées que les prés, que les vignes ou les bois, &c. la compenfation s'opére dans les exemples où les terres labourées font confondues avec les prés, les prés avec les vignes & les bois, la nature des biens qui font plus impofés, avec ceux qui le font moins.

Enfin, fi dans quelques Communautés le cadaftre repartit l'impôt d'une manière excessivement difproportionnelle entre les divers cantons qui la compofent, on y a obvié en prenant dans ces Communautés un exemple pour chaque canton (a).

____

(a) Les ouvrages dont on vient d'expofer les réfultats, ont exigé le concours d'un grand nombre de perfonnes, auxquels on ne peut mieux témoigner fa reconnoiffance qu'en mettant leur ouvrage même fous les yeux de l'Adminiftration.

G

TROISIEME PARTIE.

Application des bases d'une juste répartition dans plusieurs Communautés.

INTRODUCTION.

APRÈS avoir fait la description des diverses qualités des sols de la Province ; après avoir déterminé quelle est la proportion de l'Impôt au produit des fonds, on a appliqué les bases d'une répartition équitable dans plusieurs Communautés, en faisant uniformement le Cadastre de chacune, c'est-à-dire, en y mesurant toutes les propriétés à l'arpent de Paris, en les classant dans les degrés de la description, & en calculant quel est le produit de tous les fonds classés, pour fixer l'Imposition de la Communauté proportionnellement au taux commun d'Imposition trouvé pour toute la Province.

On va mettre ces ouvrages sous vos yeux, Messieurs, & l'on soumettra à vos lumieres les instructions données, pour faire des Cadastres semblables dans toutes les Communautés surchargées d'Impositions.

On croit que les Cadastres n'auront aucun des inconvéniens & des défauts qu'on remarque dans ceux qui ont été faits jusqu'à présent.

Qu'il soit permis de vous observer, Messieurs, que si l'Administration ne s'attache pas à faire des Cadastres uniformes d'après les principes communs, & surtout avec des méthodes plus parfaites que celles qui sont en usage, elle ne détruira que pour un moment les désordres qui existent, elle ne pourra pas suivre le projet si sage qu'elle a adopté de ne rétablir la répartition que successivement & sans précipitation. Elle ne donnera aucune base solide à ses opérations. La postérité lui reprochera l'éclat & les dépenses d'un projet qui n'aura été que vain & inutile.

Puifqu'une exacte répartition eft le plus grand bienfait que le Gouvernement & que la Province puiffe attendre de vous ; le travail qu'on vous
préfente aujourd'hui eft donc le plus digne d'une Adminiftration vouée
au bonheur public. On trahiroit votre confiance, fi on négligeoit de
vous en repréfenter toute l'importance.

L'inftitution des Cadaftres a de tout temps été regardée comme le
régime le moins imparfait qui exifte pour la répartion des Impôrs ; mais
les hommes de génie qui l'ont le plus loué, n'entendoient pas parler
de Cadaftres femblables à ceux dont jufqu'à préfent vous avez fait ufage.
Ils fuppofoient à ces ouvrages les perfections qu'on réclame ; ils imagi-
noient qu'on y obfervoit les principes fimples & lumineux, fur lefquels
une équitable répartition doit être fondée, qu'un Cadaftre étoit le réfultat de mefures faites avec foin & d'une appréciation exacte &
proportionnelle des valeurs, que tous les Cadaftres des Communautés
d'une Province fe rapportoient les uns aux autres, & formoient un enfemble, un accord entre toutes les parties dont les réfultats étoient les
guides d'une Adminiftration éclairée, & les principes d'une fage répartition.

Loin d'avoir cette perfection, Meffieurs, vos anciens Cadaftres renferment les plus grandes défectuofités. Il eft facile d'y remédier ; fi on
n'y eft pas parvenu c'eft parce qu'on ne s'en eft pas occuppé, & que les
objections ont été pufillanimement répetées fans avoir été réflechies.

Avant vous, Meffieurs, on n'avoit pas médité fur cette partie effentielle de l'Adminiftration, elle avoit été négligée ; la confection des Cadaftres étoit une routine abandonnée à des Adjudicataires inftruits ou
ignorans, qui n'étoient jamais furveillés ; on ignore même dans les
Provinces encadaftrées, les méthodes les plus exactes, les plus fimples
& les moins difpendieufes de mefurer les fonds. On y apprécie arbitrairement les valeurs & les produits, & l'on couvre du voile le plus épais
toutes les opérations que les intéreffés pourroient faire rectifier. C'eft
ainfi que dans un fiécle où les Sciences & les Arts ont été auffi per-
fectionnés, les Cadaftres, ces Ouvrages infpirés par des idées d'ordre
& de félicité générale, font auffi défectueux que les Cadaftres qui nous
reftent des tems les plus barbares.

G ij

Les défauts les plus préjudiciables des Cadaſtres , c'eſt qu'ils n'ont pas pour baſe des principes communs. Dans preſque chaque Communauté on s'eſt ſervi pour arpenter d'une meſure particulière qu'on n'a ſouvent pas même eu l'attention de décrire. On a fixé les valeurs & les produits ſur des proportions arbitraires qui n'ont rien de réel dans la nature ; il eſt impoſſible de comparer celle d'un cadaſtre avec celle d'un autre. Les mutations des héritages ont été ſuivies avec ſi peu de ſoin & d'exactitude , qu'on ne peut ſouvent faire aucune application des deſcriptions des Cadaſtres. Enfin, comme ces ouvrages ne ſont pas accompagnés de plans généraux, on n'eſt jamais aſſuré que tous les héritages y ſoient compris ; & pluſieurs Communautés ſont en procès faute de pouvoir reconnoître juſqu'où s'étendent les limites de leurs territoires.

Ces vices ſont cauſe que les fonds encadaſtrés ſont ſoumis à une fixité de valeur , contre laquelle on s'eſt de tout tems élevé avec raiſon. Qu'une plaine couverte des plus riches cultures ſoit enlevée par une inondation , que des orages multipliés détruiſent un vignoble , que de nouveaux débouchés détournent les routes ordinaires du commerce , & anéantiſſent les facultés d'une Ville entière , que des bouleverſemens , que le tems & la nature occaſionnent encore de plus grandes pertes à une Communauté , l'Impôt ſubſiſtera toujours quoique l'objet ſur lequel il eſt fixé n'exiſte plus. Une Loi cruelle force le Propriétaire à payer l'Impôt ſur les biens détruits fortuitement , ou à l'abandon de toutes les autres poſſeſſions ; mais s'il les abandonne , c'eſt parce qu'elles produiſent moins que la valeur de l'Impôt ; alors par une Loi auſſi peu juſte que la précedente , les Propriétaires de la Communauté ſont ſolidaires , & doivent ſe charger de l'Impoſition des biens délaiſſés , où il faut qu'ils abandonnent toute la Communauté ; quelque rigoureuſe que ſoit cette ſolidité , quelque pernicieux qu'en ſoient les effets , on ne pouvoit l'éviter : En voici les motifs.

Les revenus ou les produits des fonds de chaque Communauté ne ſont pas connus. On n'a aucune notion ſur les facultés de chacune. La répartition de l'Impôt entr'elles a pour baſe un Tarif dreſſé en 1669. C'eſt un Table numérique, dont les unités arbitraires ſont appellées *Feux* , & qui ſont chacune diviſées en cent *Bellugues* ou *Etincelles*.

Peut-être que cette Table , peut-être que le Tarif de 1669 , qu'on peut regarder comme le Cadaftre général de la Province , a été dreffé fur une jufte proportion entre les Communautés ; mais vous n'ignorez pas , Meffieurs , que cette proportion n'exifte plus (*a*). C'eft une vérité que l'on ne peut raifonnablement contefter ; or , on ne fait pas quelle valeur , quel produit doit repréfenter un feu , enforte qu'on n'a aucun moyen de vérifier fi une Communauté fupporte trop de *Feux* , trop de *Bellugues*.

Chaque Communauté a un Cadaftre particulier , pour repartir l'Impôt fur les fonds qui compofent fon territoire. Comme il y a plus de douze cent Communautés , il y a auffi plus de douze cent Cadaftres. Mais ces Cadaftres ne préfentent pas de réfultats plus favorables que le Tarif de 1669 , pour comparer la force , le revenu total & l'Impofition d'une Communauté , avec la force , le revenu & l'Impofition des autres Communautés.

Le Cadaftre d'une Communauté eft divifé en autant d'articles que la Communauté contient de Propriétaires. Il y a mille articles , fi la Communauté comprend mille Propriétaires.

Chaque article eft divifé en autant de paragraphes que le Propriétaire poffède de fonds impofés ; c'eft-à dire qu'il a de champs , de vignes , de prés , de maifons , &c. Un paragraphe contient la defcription de chaque fonds.

Cette defcription eft différente dans chaque Cadaftre ; elle a dans chacun une mefure locale particulière pour bafe. Dans beaucoup de Cadaftres , la proportion de l'Impôt a été fixée fans égard à la valeur ou au produit du fonds , fur l'étendue & la contenance feulement. Dans d'autres , le degré de valeur n'eft pas exprimé , il a été déterminé arbitrairement. Dans prefque tous l'Impofition eft répartie fur les héritages , par une certaine quantité de livres arbitraires , appellées ici *livres livrantes* , *la livre d'allivrement* , ailleurs *livres de réduction* , ces livres font divifées en fols & deniers. On ne fait dans aucune Com-

---

(*a*) Voyez dans le Procès Verbal de 1782 , les Rapports du Bureau des Tailles.

munauté quelle valeur , quel produit repréfente une livre , un fol, un denier d'allivrement. Le nombre de ces livres a été fixé arbitrairement fur toute la Communauté par celui qui a fait le Cadaftre. Dans une petite Communauté le Cadaftre comprend deux mille livres d'allivrement, tandis qu'il n'en comprend que cinq cent dans une Communauté beaucoup plus grande & plus riche. Il n'y a aucun rapport entre les Cadaftres de deux Communautés différentes, Les Cadaftres ne font liés en aucune manière au tarif de 1669. On ne peut pas démontrer pourquoi un fond quelconque, fupporte dans le Cadaftre de la Communauté deux livres d'allivrement, plutôt que quatre, plutôt que cinq. On ne peut pas démontrer pourquoi la Communauté eft comprife dans le Tarif de 1669 pour cinq feux, plutôt que pour fix , que pour fept. On n'a aucune notion pour établir la valeur, le produit, la proportion même que repréfente un feu. Enfin on ne fait que fignifie cent livres d'allivrement d'une Communauté , fi c'eft une valeur de vingt mille livres, plutôt que celle de trente ou quarante mille livres.

C'eft ainfi que le Tarif de 1669 ne fixe qu'une proportion arbitraire entre les Communautés dont il règle la taxe , & qu'il n'offre aucun moyen de rectifier la répartition difproportionnelle dont on fe plaint. C'eft ainfi que les Cadaftres particuliers des Communautés n'établiffent que des proportions arbitraires & incompréhenfibles , entre les fonds dont ils renferment la defcription.

Quelques notions que puiffe donner le Tarif de 1669 & tous les Cadaftres exiftants , s'il falloit s'en fervir pour foulager une Communauté , on ignoreroit fur laquelle il faudroit rejetter les foulagemens. On s'expoferoit aux plus grandes injuftices. Qui fauroit même fi la Communauté qui fe plaindroit ne feroit pas impofée au-deffous de la quote-part à laquelle elle devroit l'être ?

D'ailleurs, quand on parviendroit à rectifier la répartition entre les diverfes Communautés fans rectifier leurs Cadaftres deffectueux , croiroit on avoir fait une bonne opération ? Non , Meffieurs, on n'ajouteroit qu'une nouvelle injuftice aux anciennes. Le Propriétaire que le Cadaftre d'une Communauté léfée taxe foiblement, obtiendroit encore une diminution , tandis que le Propriétaire qu'il furcharge, recevroit un foulagement trop foible & au-deffous de celui auquel il auroit lieu de prétendre.

On ne s'étendra pas d'avantage, Meffieurs , fur les deffectuofités qui n'ont pu vous échapper, quand vous vous êtes propofés de rectifier la répartition , mais pour vous affermir dans vos réfolutions patriotiques , pour vous animer de plus en plus au facrifice que vous avez fait de tout intérêt perfonnel , on vous rappellera que les Cadaftres déterminent la forme effentielle de la répartition de vos Impofitions. Vous les tenez de ce Peuple fameux dont l'Adminiftration étoit fi fimple & fi lumineufe, dont le Lois régnent encore fur vous , vous les tenez des Romains qui pour confacrer l'objet pour mieux prefcrire le but des Cadaftres , donnoient le nom de Peréquateur aux Officiers chargés de les dreffer. Ce nom feul leur rappelloit à chaque inftant qu'ils devoient établir l'égalité proportionnelle qu'on réclame aujourdh'ui (a). Les Romains, Meffieurs , encadaftroient toutes les Provinces fur des principes communs & avec les mêmes méfures. Tous les Cadaftres de l'Empire étoient uniformes, (b) tous formoient entr'eux un accord , un enfemble femblable à celui que vous voulez faire regner en HauteGuienne.

Un exemple digne de ranimer de plus en plus l'ardeur avec laquelle vous furmontez les obftacles qui s'oppofent au bien public, c'eft celui du plus célébre Adminiftrateur de la France. Vous favez Meffieurs , que les inconvéniens de votre Tarif & de vos Cadaftres n'étoient pas inconnus à M. de Colbert. Ce grand Miniftre avoit fenti les avantages que de bons Cadaftres procureroient à une Adminiftration bienfaifante ; il vouloit en établir le régime dans toute la France : il avoit d'abord effayé de rectifier les anciens Tarifs de votre Province afin d'offrir un exemple qu'on pût imiter, mais il reconnut bientôt que faute de s'être fervi d'une bafe fuffifante , le Tarif qu'il avoit fubftitué en 1669 aux anciens Tarifs ne rempliroit pas fon objet. M. de Colbert

---

(a) Voyez Origine de la Monarchie françoife de l'Abbé du Bofc, Tom. 1er.
(b) Idem.

conçut alors un Plan d'opération femblable au votre. Il eut le projet de réunir tous les Cadaftres par de bafes fixes, par des mefures uniformes, par des tables générales d'abonnement. C'eft ainfi qu'il vouloit régler proportionnellement la répartition de l'Impôt territorial dans les Provinces du Languedoc, de Provence, du Dauphiné de la Haute & Baffe Guiénne. (a) Mais M. de Colbert mourut trop tôt pour completer la gloire de fon miniftère par l'établiffement d'un parfait régime de répartition.

Des voifins de la France ont été plus heureux. Le Roi de Pruffe a fait encadaftrer la Silefie en fe fervant des moyens à peu-près femblables à ceux que vous employez. (b) On a encadaftré avec plus de perfection encore le Milanois, mais on y avoit inutilement travaillé pendant plus de cent ans, jufqu'à ce qu'on a eu recours à un des plus célébres favans de l'Italie. Il a fondé la jufte répartition fur la perfection des Cadaftres de chaque Communauté (c). Les Impofitions ont été auffi reparties dans le Piémont fur des Cadaftres parfaits dont le feu Roi de Sardaigne fe glorifioit comme du plus grand monument de fa bienfaifance (d). Enfin, la première penfée d'un grand Miniftre, de M. de Choifeul, après la Conquête de la Corfe, a été d'y inftituer une Adminiftration peu différente de la votre, & d'y entreprendre un Cadaftre remarquable par la perfection des méthodes dont on s'y eft fervi pour mefurer & décrire les fonds.

On a profité de ces grands exemples pour les Cadaftres dont vous avez prefcrit la rédaction, ils doivent même avoir de perfection, parce que l'expérience a procuré de nouvelles lumières & parce qu'en Pruffe,

---

(a) Le Projet fe trouve dans les Archives des États de Languedoc, il a été décrit dans les Mémoires fur les Impofitions redigés par une Commiffion du Confeil.

(b) Voyez les Mémoires fur les Impofitions redigés par une Commiffion du Confeil 2eme volume.

(c) Voyez ci-joint les Mémoires manufcrits fur les Cadaftres du Milanois, No. 3003, Pièces juftificatives.

(d) Voyez les Mémoires manufcrits & les inftructions du Roi de Sardaigne, No. 3004. Pièces juftificatives.

dans

dans le Milanois, en Piemont & en Corfe on n'a pas approfondi la nature du produit impofable. On n'y a pas diftingué affez de degrés de valeur & de produit, on n'y a pas enfin employé pour l'eftimation, des principes généraux : tout ce qui eft rélatif à l'appréciation des valeurs & des produits y eft encore à découvrir.

Les nouveaux Cadaftres n'offriront aucun des inconvéniens qu'on reproche aux anciens. On les dreffe fur des bafes uniformes, fur des mefures femblables, fur des moyens communs de comparaifon & fur des évaluations indépendantes de tout arbitraire. On y démontre la précifion des contenances & des confrontations. Les eftimations & les rapports d'Impofition font repartis dans une proportion exacte, L'ordre des différentes opérations eft facile à faifir, & on a une infinité de moyens de les vérifier. Les élémens en feront tellement connus, tellement familiers qu'il fera aifé dans tous les tems d'en faifir, d'en fimplifier & d'en rectifier les détails.

Chaque Cadaftre pourra fe perpétuer, parce que fans toucher au corps de l'Ouvrage, on pourra en corriger, en changer les diverfes parties ; il ne faudra renouveller que les appréciations des cantons, qui auront éprouvé des changemens fenfibles par des accidens rares ; tels que des tremblemens de terre, & des inondations capables de changer la furface entière d'une contrée ; car les Plans repréfenteront toujours la contenance, les limites & les confrontations.

Ces ouvrages ne s'altéreront point fans qu'on s'en apperçoive & fans qu'on en puiffe facilement rétablir les articles enlevés. Il y aura tant de liaifons & de combinaifons entre les différentes parties de l'Ouvrage, qu'il faudra tout changer, tout détruire pour falfifier le taux d'un feul article.

Ce ne font pas les feuls avantages que les Communautés, que la Province, que l'Adminiftration recueilliront des Cadaftres que vous faites rédiger : vous ne pourrez, Meffieurs, défirer des Plans topographiques plus étendus, des defcriptions plus circonftanciées pour projeter la conftruction des Routes & des Canaux, le redreffement des Rivières & des Ruiffeaux, l'arrondiffement des Elections, des Juridictions & des Communautés, les partages des communaux

Enfin quels fecours n'y puiferez-vous pas ? Ces monumens vous indiqueront encore les mauvaifes cultures, les terreins en friche, les marais
à deffecher, les productions à exporter, les cantons qui manquent
de débouchés, & toutes les notions locales néceffaires au fuccès des
projets que vous formez pour la félicité publique.

Si depuis le miniftère de M. de Colbert, on n'avoit dreffé que des
Cadaftres femblables, que de facilité n'auriez-vous pas aujourd'hui
pour rectifier la répartition, foit entre toutes les Communautés, foit
entre les Propriétaires de chacune ; on n'en auroit jamais pallié les
vices pour l'Impofition du trop allivré, par une répartition abufive
du vingtième & de la Capitation, & par des Lois trop rigoureufes.
Les Villes de Montpezat, de Moncuq, de Gourdon, de Montricoux,
de St. Sernin, de Belmont, de Sauveterre & de Caffagnes auroient
encore leur ancienne aifance. Les Communautés de Bellegarde, d'Efpinas, de St. Hilaire, de Boiffe, de Caftelmus, de Pons, de Lincou, &c. ne feroient pas réduites à un auffi déplorable état, & n'auroient pas vainement, depuis fi long-tems, imploré la compaffion du
Gouvernement. On n'auroit pas été forcé de faire les opérations dont
on a l'honneur de vous rendre compte. Un coup d'œil fur les réfultats des Cadaftres, auroit fuffi pour rémedier aux vices du Tarif de
1669. Enfin des Communautés entières n'auroient pas été ruinées par
les frais énormes que coûte habituellement le renouvellement des
Cadaftres.

Vous n'ignorez pas, Meffieurs, qu'il y a telle Communauté où le
Cadaftre a prefque autant coûté que tous les divers établiffemens que
vous avez formés, & que toutes les opérations que vous avez ordonnées
dans les diverfes parties de la Province pour y rectifier la répartition.
Eft-il étonnant qu'en refléchiffant fur un femblable abus, fans en connoître le reméde, on croye que de bons Cadaftres feroient la ruine
d'une Province, & que des préjugés aient arrêté fi long-tems l'opéra-
ration la plus importante à l'Etat, à l'ordre public & au foulagement
des Peuples ?

En un mot, Meffieurs, vous ne parviendrez à rectifier la répartition, que par la perfection des Cadaftres des Communautés. C'eft vers

cet objet effentiel qu'il faut diriger tous vos foins : fans cette vigilance
la découverte du taux commun d'Impofition , la confection de la Table
d'abonnement & toutes vos recherches feroient inutiles. Il vaudroit
mieux renoncer à des projets qui n'auroient point de fuccès , dont les
fuites dépoferoient contre votre Adminiftration , & ferviroient de pré-
texte aux ennémis du bien pour calomnier les meilleures vûes.

Que de motifs fe réuniffent pour vous intéreffer à examiner avec une
févere attention , les nouveaux objets qu'on va mettre fous vos yeux ,
& à porter toute votre application à les perfectionner. Que vous récom-
penferez dignement le zèle avec lequel on a rempli votre confiance ,
fi vous daignez encore l'éclairer & le guider , fi vous en fecondez les
efforts & fi vous jugez qu'ils n'ont pas été inutiles au bonheur public !

On vous a fait connoître les principes qui dirigent les opérations
que l'on fait , pour foulager les Communautés lefées par la répartition ; vous avez vu les bafes fur lefquelles on doit les établir, il refte
maintenant à mettre ces opérations mêmes fous vos yeux. On croit
qu'il eft d'abord néceffaire de vous en expofer la marche avec plus de
détail & de clarté, qu'on ne l'a fait jufqu'à préfent ; enfuite on vous
en montrera les réfultats.

CHAPITRE PREMIER.

Défcription topographique des Communautés.

QUOIQUE dans votre Affemblée de 1782, Meffieurs, ont vous ait
expofé les moyens qu'on emploie pour faire le Cadaftre des Commu-
tés , & pour y régler la répartition des Impofitions territoriales ; on
croit devoir vous les rappeller , afin de développer les parties de cet
ouvrage qui ne l'ont pas été alors fuffifamment, & de ne vous laiffer
défirer dans le compte qu'on vous en rend aucune des notions qui
peuvent fervir à fixer votre opinion fur des objets auffi importans.

Vous favez, Meffieurs , que pour faire le Cadaftre d'une Communauté, on commence par en arpenter le territoire , & qu'enfuite on

applique à chacun le degré de la Table générale d'abonnement , pour
favoir combien la Communauté doit être taxée rélativement aux autres
Communautés de la Province.

Vous vous rappellerez auffi qu'on a rejetté les méthodes d'arpenter ,
en ufage dans cette Province, parce qu'elles font remplies d'erreurs ,
qu'elles font trop difpendieufes , & qu'elles ont été reprouvées par
l'Académie des Sciences (a).

Vous avez reconnu que pour mefurer la fuperficie d'une Communauté , il n'y avoit pas de moyen plus fûr , ni plus expéditif, ni auffi
économique que d'en lever dabord le plan.

La méthode que vous avez préferée pour cette opération , eft de cou-
vrir dabord la Communauté de bazes calculées trigonométriquement,
afin d'avoir un canevas entier & exact de toute la Communauté. Pour
réunir fucceffivement toutes les Communautés , on lie cette charpente
à la grande Carte de France, dreffée fous la direction de l'Académie.
Enfuite on remplit les intervales de points fixés par des calculs de trigonométrie avec la planchette , en levant fucceffivement le plan de tous
les héritages.

Vous avez prefcrit que ces plans fe leveroient & fe calculeroient à
l'arpent contenant cent perches de dix-huit pieds , que la perche quar-
rée fe diviferoit en dix primes , & la prime en dix fecondes ; que les
plans des Villes fe leveroient fur l'échelle de fix lignes pour la perche ;
ceux des Villages , fur l'échelle de trois lignes pour perche , & que pour
les plans des fonds cultivés , on employeroit l'échelle de trois quarts de
ligne pour perche.

Vous avez regardé cette mefure uniforme comme une des principales perfections des nouveaux Cadaftres : vous avez ordonné qu'elle
feroit partout réduite à la mefure locale , afin que chacun la connut
parfaitement : vous avez délibéré qu'on indiqueroit d'une manière recon-
noiffable , & qui feroit la même dans toutes les Communautés , toutes
les fortes de divifions , telles que les bornes , les haies , les murailles ,

---

(a) Voyez le Rapport des Commiffaires de l'Académie des Sciences.

les foffés , les limites des Propriétés , des Communautés , des Élections , des Diocèfes, des Jurifdictions , des Paroiffes & des Provinces limitrophes.

Vous avez demandé que l'on obfervat une femblable uniformité dans toutes les parties du deffein des plans , foit pour exprimer chaque nature de culture , foit pour diftinguer les propriétés felon qu'elles appartiennent au Domaine du Roi , aux Communautés , à des Particuliers , ou qu'elles font privilégiées , Nobles ou Eccléfiaftiques , &c. , &c.

Vous avez reglé comment on calculeroit les figures ; & vous avez arrêté que l'on conferveroit avec foin tous les détails des calculs pour y recourir au befoin.

Votre attention s'eft enfuite arrêtée fur la manière dont on décriroit les divers héritages ; pour remplir vos vues il faut qu'un numéro , placé fur le Plan dans chaque propriété , ferve à réunir toutes les notions qu'on en raffemble , que la defcription foit divifée en plufieurs colonnes dans lefquelles on infcrit le numéro du Plan , le nom du Propriétaire , la nature des cultures , la fuperficie en arpent de Paris & en mefure locale , le degré de la Table générale d'abonnement, la qualité phyfique , l'expofition , la fituation , la Dîme , les Rentes & l'Impofition.

Tous ces objets ont été fuffifamment détaillés dans les rappors que l'on vous a faits pendant votre Affemblée de 1782 ; mais on ne s'y eft pas affez arrêté aux moyens qu'on emploie pour eftimer le produit de chaque héritage d'une Communauté , pour appliquer la defcription des diverfes qualités de fols de la Province , ou la Table d'abonnement ; on en traitera particulièrement dans la fection fuivante.

Mais on vous rappellera dabord , Meffieurs , que tous ces travaux ont été imaginés depuis votre établiffement , & qu'il n'étoit pas poffible de rencontrer dans la Province un affez grand nombre d'Ingénieurs éclairés pour les exécuter.

Cette confidération vous a déterminés à établir une École dans laquelle on enfeigne le Deffin , l'Écriture , les Mathématiques , la levée & le calcul des Plans. Les premiers Éléves qui en font fortis ont été nommés Ingénieurs géomètres de la Province. Vous en avez confié la direction à M. de Longchamp ancien ingénieur très-estimé, & vous avez ordonné qu'ils fussent employés à décrire les Communautés.

Pour satisfaire à vos vues, on a arrêté par le réglément dont on va vous faire la lecture, l'état & toute l'étendue des devoirs des Ingé-nieurs géomètres. On croit devoir y fixer votre attention parce que le succès de la rectification des Cadastres dépend principalement de l'insti-tution de ces Ingénieurs. On leur confie les opérations les plus lon-gues, les plus couteuses & les plus difficiles. Comme ils doivent tou-jours opérer géométriquement, qu'aucune partie de leur travail ne se fait arbitrairement, & qu'elles sont toutes fondées sur les démonstra-tions les plus rigoureuses, on peut en suivre la marche & la diriger continuellement, enforte que l'Administration agisse, pour ainsi dire, elle même par l'exécution des règlémens qu'elle leur prescrira (a),

CHAPITRE II.

Estimation du produit des fonds des Communautés.

QUAND un Ingénieur géomètre a levé le plan topographique d'une Communauté & qu'il en a décrit chaque héritage, on en évalue le produit en le classant dans un des degrés de la description des di-verses qualités de sols de la Province ou de la Table générale d'a-bonnement.

Cette opération est confiée à un Commissaire expert de l'Adminis-tration. La Communauté peut le faire assister, si elle le juge à pro-pos, par une personne à laquelle elle donne sa confiance.

Avant que le Commissaire de la Province commence son ouvrage, les habitans de la Communauté s'assemblent pour nommer, selon que le territoire est plus ou moins étendu, huit ou douze Députés ; ils sont choisis entre les plus honnêtes gens, & parmi les Propriétaires

---

(a) Voyez le règlement à la suite de ce Mémoire.

lès plus inftruits fur la valeur & fur le produit des fols. Ces Députés doivent affifter le Commiffaire expert dans fes opérations , & lui donner les inftructions qu'il demande.

On commence l'eftimation par faire une defcription , par dreffer une Table d'abonnement des différentes qualités de fols que la Communauté contient, on la divife comme la Table générale d'abonnement de la Province , en autant de Tables que la Communauté contient de natures de cultures ; ainfi on dreffe une Table pour les jardins , une pour les terres labourées , une pour les vignes , &c.

On divife chacune de ces tables en autant de degrés que la Communauté contient de différentes qualités de terre. Rien n'eft plus facile : fuppofé , Meffieurs , qu'on dreffe la Table d'abonnement des terres labourées, on cherche dabord quel en eft le meilleur degré ; c'eft une chofe qu'aucun habitant de la Communauté ne peut ignorer. Quand on l'a trouvé , on en donne pour exemple les pièces de terre labourées qui font généralement reconnues comme les meilleures. Ce premier , ce meilleur degré fixé , on cherche quel eft le dernier ou quelle eft la terre labourée de la plus mauvaife qualité. Elle ne doit pas être plus difficile à rencontrer que la meilleure , car chacun défigne aifément , le plus mauvais fol du lieu où il habite & les héritages qu'on peut citer pour exemple. On continue fucceffivement à infcrire dans la Table des terres labourées tous les degrés intermédiaires , en cherchant par les mêmes procédés , pour former le fecond degré , quel eft le terrein qui approche le plus du premier ; & pour former le pénultiéme , quel eft le fol qui approche le plus du dernier. On cite pour ces deux nouveaux degrés quelques héritages que l'on fait fervir d'exemple. On opère de même pour défigner le troifième degré. L'antipénultiéme & un plus grand nombre de degrés intermédiaires , jufqu'à ce que l'on convienne que l'on ne connoit plus de terre labourée dans la Communauté qui ne puiffe être claffée dans un des degrés déterminé.

La defcription , la Table d'abonnement des terres labourées ainfi terminée , on applique à chaque degré de nouveaux exemples pris dans tous les cantons de la Communauté , enfuite on va examiner tous ces exemples, on les parcourt pour les vérifier, pour reconnoître fi ceux du même degré font véritablement analogues & de même qualité de fols, & s'il régne entre les degrés arrêtés des différences affez marquées pour les diftinguer les uns des autres.

Ces opérations font déjà connoître toutes les nuances ou tous les degrés des terres labourées de la Communauté : on dreffe fucceffivement de même la Table d'abonnement des vignes, celle des bois & celle des autres natures de cultures.

Quand toutes ces Tables particulières de la Communauté font terminées, on claffe dans les divers degrés qu'elles comprennent, tous les héritages de la Communauté. Ici, on diftribue les jardins dans la Table des jardins, là, les prés dans celle des prés, ailleurs les vignes dans celle des vignes & ainfi de fuite pour les terres labourées, les bois les châtaigneraies & les pâturages.

Cette opération ne peut fe faire fans aller dans chaque héritage : il faut les vifiter tous, mais en évitant d'abufer du facrifice que les Députés des Communautés font de leur tems au bien Public. Cette attention doit caractérifer des Agens d'une Adminiftration paternelle : ainfi le fecond jour de fes courfes le Commiffaire de l'Adminiftration n'eft accompagné que par quatre Députés que l'on change fucceffivement, de deux en deux, d'un jour à l'autre pour que ceux de la veille puiffent inftruire les nouveaux vénus, des opérations faites fans eux : tous les Propriétaires font invités d'affifter volontairement à cette opération.

Pour claffer les héritages, on porte le Plan topographique de la Communauté : on examine s'il eft exact, ce qui en procure une nouvelle vérification ; on y marque dans chaque héritage les parties qui font de divers degrés diftincts en les défignant par des caractères de l'Alphabet. Le Commiffaire fait auffi prendre le Cahier, où l'Ingénieur géomètre a rapporté la defcription des divers articles du Plan ; on la continue fur les lieux en écrivant dans la colonne intitulée defcription, quelle eft la nature, l'expofition & la fituation de chacun de ces articles. Dans un autre colonne on décrit le degré de la Table d'abonnement de la Communauté où l'héritage doit être claffé, s'il contient plufieurs degrés, on les diftingue tous dans le Cahier par les mêmes

Lettres

Lettres que fur le Plan , mais fi on ne peut diftingüer que difficilement les parties de divers degrés , le Commiffaire en conclura un degré moyen.

S'il eft poffible , on décrit en même tems , fur les lieux & dans les
autres colonnes du Cahier , ce que l'héritage paye de dîme , de rentes
nobles ou rurales , & quelles font les fervitudes auxquelles il eft affujetti ; mais s'il faut que les recherches de cette nature foient plus amples ,
on les fait dans le Cabinet.

Il n'eft pas poffible que cette manière de claffer les fols ne foit
exacte. Elle eft executée par un Commiffaire expert dont les connoiffances font généralement avouées : il eft fecondé par un abonnateur qui
jouit de toute la confiance du canton. On a fous les yeux des exemples
qui fervent continuellement de points de comparaifon , qui peut mieux
connoître les divers fols , leurs différens degrés de bonté , que les députés
affiftans ? Qui peut mieux favoir quels font les héritages expofés à des
deftructions habituelles ? Ces Députés ne fe font prefque jamais entre-
tenus que de ces objets , toute leur vie a été employée à cultiver, à
eftimer cette terre que l'on veut claffer. Qui eft plus intéreffé qu'eux à
ce que la claffification foit jufte ? ·

A mefure que cette opération s'exécute , les points de comparaifon
fe multiplient & les inftructions viennent fans nombre faciliter le travail. A la fin le coup d'œil eft tellement exercé , la mémoire a confervé un fi grand nombre de notions , on a comparé tant d'objets qu'on
apperçoit fans peine fi tous les héritages rangés au même degré font
femblables. Indépendamment des connoiffances que procure la defcription faite de chaque héritage , & les lumières réunies des affiftans ,
l'analogie des articles d'un même degré eft encore établie , ici , par le prix
des baux à ferme , là , par celui des ventes , & ailleurs par des eftimations d'Experts acquiefcées par des intéreffés à les contredire.

La marche de ce travail eft rapide , parce que les connoiffances qu'on
recueille fur chaque héritage s'acquierent promptement , & que toutes
celles dont la recherche pourroit arrêter , ont déja été raffemblées par
l'Ingénieur géomètre , dont les opérations ont précédé celle de l'eftimation.

I

Quand tous les héritages font ainfi appliqués aux degrés de la Table de la Communauté, cette claffification ne fait que réunir enfemble les divers héritages d'un même degré ; mais on n'a pas encore déterminé la différence qui règne entre chaque degré, on ne connoît pas combien un arpent de chacun produit. On ne fait, par conféquent, pas à quel degré de la defcription des diverfes qualités de fols de la Haute-Guienne, de la Table générale de la Province, il peut fe rapporter ; fi c'eft par exemple à celui des fols de cette Table qui produifent 30 livres, plutôt qu'à ceux qui en produifent 40, 50 ou 60.

Rien n'eft maintenant plus facile à trouver, on a déjà rapporté dans le Cahier de topographie la defcription phifique, l'expófition & la fituation des héritages. On réfume & on généralife pour chaque degré ces notions éparfes ; enfuite on dreffe un état des cultures de chaque degré, on calcule combien il en coûte pour cultiver un arpent de chacun, & combien on y recueille, foit de fruits, foit de grains, foit de vins, &c. On fixe le prix de ce produit au prix commun de l'Election, en en diftraifant les frais de culture, on fait quel eft le produit ou le revenu d'un arpent de chaque degré, on compare toutes les notions avec celles de la defcription de la Table générale d'abonnement.

On vérifie fi ces réfultats font exacts dabord en comparant les produits trouvés, avec ceux que fuppofe le produit de la dîme pour les degrés qui y font affujettis .

Le prix de diverfes ventes réuni fur un même degré, devient, quand il y en a un grand nombre, un fecond moyen de vérification, furtout quand on a la précaution d'en écarter les ventes, reconnues généralement pour être trop fortes ou trop foibles.

Le prix des fermes & celui des eftimations d'Experts, dont le nombre eft plus multiplié, fervent encore plus avantageufement à fixer l'exactitude de l'eftimation de chaque degré.

Enfin par les notions recueillies fur les rentes, dans les Communautés fujettes au champart, on peut vérifier encore quel eft le produit que fuppofe le revenu du champart.

Avec tant de notions, avec tant de moyens de vérification, & avec les defcriptions contenues dans la Table générale d'abonnement de la

Province, peut-on douter qu'on ne parvienne à connoître suffisamment, combien un arpent de chaque degré de la Communauté produit ? Quelles connoissances nouvelles peut-on défirer de plus pour y parvenir ?

On a dabord mefuré toutes les poffeffions, on a fuivi la defcription de chacune, en confidérant la qualité, l'expofition & la fituation du fol. On y a réuni ou le prix des ventes, ou celui des fermes, ou celui des rapports d'Experts, ou celui de la dîme, ou celui des champarts. On s'eft aidé, avec la defcription générale des diverfes qualités de fols de la Province, des recherches faites dans les cantons voifins. Ordinairement un grand nombre de ces notions a fecondé les opérations, fouvent toutes y ont concouru. L'ouvrage a été dirigé par un Commiffaire, dont les talens & l'intelligence font généralement connus; il a été aidé par un Abonnateur, qui n'a fait toute fa vie qu'eftimer & étudier les fols du canton où l'on travaille. Les habitans les plus honnêtes & les plus inftruits, font venus lui donner les connoiffances qu'il défiroit, lui procurer les lumières dont il avoit befoin, examiner, difcuter fes opérations.

Vous remarquerez, Meffieurs, que ce ne font point ici des Ambulans, des Commis, des Abonnateurs étrangers, qui rempliffent une commiffion fecrete, qui opérent fur des principes inconnus, & qui taxent arbitrairement les propriétés. C'eft le Commiffaire d'une Adminiftration paternelle; il n'eft ni l'homme de l'Impôt, ni un exacteur qui peut à fon gré opprimer l'un & épargner l'autre. C'eft l'agent du bien public; toutes fes démarches, toutes fes opérations fe font fous l'infpection de l'œil pénétrant de l'intérêt perfonnel. Les Propriétaires le guident, le fecondent & peuvent attefter l'équité de fon travail, ou former lesréclamations les mieux fondées s'il eft injufte.

Toutes ces opérations ayant fixé définitivement combien produit un arpent de chaque degré, on ne trouve aucune difficulté pour appliquer les divers degrés de la Communauté, à ceux de la defcription ou de la Table générale d'abonnement de la Province. On ne fait que comparer les notions contenues dans la defcription des unes & des autres. Il peut arriver, à la vérité, que les calculs n'auront pas les mêmes réfultats, pour les produits des mêmes degrés dans la

Table d'abonnement de la Communauté, que dans celle de la Province. Les fols dont le produit aura été apprécié dans l'une à 30 liv., pourra l'être dans l'autre à 31 & peut-être à 32 liv. ; mais des différences de cette nature font une fuite de tout calcul, qui n'eft pas fondé fur des principes pofitifs, & qui ne doivent former que le réfultat le plus probable. Il n'eft pas douteux que nul Expert ne peut garantir, qu'une eftimation de terre, foit mathématiquement exacte. Moins les fols valent, plus il eft difficile d'en découvrir les vrais produits; les Experts ne promettent tous que des termes plus ou moins approchés de la vérité, qu'ils reconnoiffent ne pas pouvoir découvrir. Ainfi l'on n'a entendu donner dans la Table que les produits les plus exacts qu'il étoit poffible de fixer avec des nuances fenfibles, enforte qu'on ne confonde pas un degré avec un autre. L'art d'eftimer les terres eft fi imparfait, que les Tribunaux, comme on a dejà eu l'honneur de vous le dire, Meffieurs, ne peuvent en faire rectifier que les erreurs au deffus d'un tiers du véritable prix : la feule perfection à laquelle il falloit parvenir, c'étoit de rendre l'évaluation exempte de tout arbitraire.

Ainfi il n'y aura aucun inconvénient de claffer au degré qui produit 30 liv., fuivant la Table générale d'abonnement de la Province, un fol qui auroit été eftimé 31 & 32 liv. dans la Table particulière d'une Communauté.

Cette attention eft le feul moyen par lequel on parviendra à eftimer & à claffer uniformément tous les fols de la Province : fi on ne l'employoit pas, on rencontreroit fans doute dans la Province autant de qualités de terre qu'il y a de livres, de fous & de deniers, entre la fomme qui exprime le produit du plus foible degré des fols de la Province, & celle qui en exprime le plus fort; combien n'y en auroit-il pas entre 10 f. & 200. liv.

Ces opérations terminées, il faut encore abonner les maifons. Si la Communauté où l'on travaille eft une Ville ou un Bourg, on eftime les maifons, ainfi qu'il a été règlé par l'Adminiftration, en les appréciant fuivant leur valeur combinée des actes de vente & de location,

déduction faite d'un quart pour les dépenſes d'entretien & de réparation(*a*)
Si cette Communauté eſt un Village , on en eſtime les maiſons ſur
le pied des meilleurs terreins de la Communauté.

Pour abonner les maiſons des Villes, on les diſtingue ſelon qu'elles ſont
placées dans les quartiers plus ou moins commerçants , plus ou moins
fréquentés ; on en forme autant de degrés qu'il y a de variétés dans les
prix occaſionnés par la différence de ſituation. On range , par exemple,
en certaines Villes au premier degré les maiſons près deſquelles on
tient les marchés; ce ſont celles qui ſe vendent & qui s'afferment le
plus. On place au ſecond degré les maiſons ſituées ſur les places publiques les mieux habitées; au troiſième, les maiſons des rues les plus
fréquentées ; au quatrième, les maiſons des petites rues, &c.

Quand toutes ces opérations ſont terminées, le Commiſſaire abonnateur les vérifie de nouveau avec tous les Députés, & il y fait les
corrections convenables ; enſuite on aſſemble la Communauté , on lui
fait part de la manière dont on a procédé à l'eſtimation du produit.
On indique dans quel degré , dans quelle claſſe chaque article a été
placé; s'il y a des réclamations on les écoute, la Communauté les
Juge , & le Commiſſaire abonnateur corrige ſon ouvrage , s'il croit
que cela ſoit néceſſaire.

Qu'on ne diſe pas que ces Aſſemblées ne ſont pas en état de
juger & d'apprécier les objets qu'on ſoumet à leurs lumières ; nulle
notion ne leur eſt plus familière ; perſonne n'eſt plus inſtruit que ceux
qui les compoſent , de la valeur & du produit des héritages dont on
leur fait connoître l'eſtimation. On ne demande aucun détail général,
ſur toute la Communauté , le ſimple Cultivateur n'a jamais porté ſes
réflexions ſi loin. On ſe borne à lui parler du champ qu'il laboure,
de la vigne qu'il travaille & du pré qu'il fauche annuellement.

Ainſi les différentes opérations qui reglent la répartition , après
avoir été examinées par chaque intéreſſé , ſont conſommées par un
acquieſcement univerſel , enſorte que chaque Propriétaire eſt lui-même

---

(*a*) Voyez le Procès Verbal de l'Aſſemblée tenue en 1782 , pag. 187.

le juge & l'arbitre des charges que ses possessions supportent. Si l'Impôt est onéreux, au moins il en connoît le titre, il en découvre la source, & il en pese le poids. Il a la consolation d'être assuré qu'il ne concourt aux charges publiques que proportionnellement à ses facultés, sans être accablé sous le fardeau d'une Imposition arbitraire.

Tels sont les principes sur lesquels sont motivées les diverses dispositions du réglement dont on va vous faire la lecture (*a*).

CHAPITRE III.

Comment on fixe l'Imposition de la Taille dans les Communautés.

APRÈS avoir appliqué la table de la description générale des diverses qualités de sols de la Province, dans une Communauté; on détermine l'Imposition qu'elle doit payer ; on calcule préliminairement combien chaque degré contient d'arpens & combien elle produit de revenu, distraction faite des frais de culture. Pour simplifier cet ouvrage, on a d'abord arrêté des Cahiers à colonnes, qui rendent la redaction des calculs uniformes pour toutes les Communautés de la Province. Quand on y a additionné le produit de tous les fonds d'une Communauté, il est facile d'en regler la Taille à raison du sixième ou du cinquième du produit pour les fonds de campagne, & à raison du quart pour les maisons des Villes.

CHAPITRE IV.

Dénombrement des habitans & des troupeaux.

LA facilité qu'ont les Ingénieurs géomètres de faire le dénombrement des Communautés dont ils levent les plans, a déterminé de les charger de cette opération.

(*a*) Ce réglement se trouve à la suite de ce Mémoire.

Après l'inventaire général des biens fonds, tel qu'il se fait pour les Cadastres, on ne pouvoit desirer un ouvrage plus utile à l'Administration, que le dénombrement des habitans & celui des troupeaux.

Que de connoissances doit-on recueillir des résultats du dénombrement & du Cadastre, non-seulement pour l'Administration des Impôts; mais encore pour les progrès du commerce, des manufactures, des arts & de la population ! De combien d'avantages jouirez-vous, Messieurs, que de facilité n'acquerrez-vous pas pour procurer plus d'aisance & plus de bonheur à vos Concitoyens, avec des Cadastres & des dénombremens faits dans de si belles vues !

L'Administration parfaite est fondée sur des résultats généraux qui ont pour base la connoissance de tous les détails, l'accord & la correspondance de toutes les parties. Les unes tiennent nécessairement aux autres, ce ne seroit pas assez que de connoître les propriétés territoriales pour faire germer la prospérité, pour procurer des soulagemens nécessaires peur établir une répartition équitable ; il faut encore étendre les détails & les connoissances sur le nombre des troupeaux qui procurent les engrais, ou qui par de riches toisons enrichissent la contrée. Il faut aussi savoir si le nombre des cultivateurs est assez grand, si celui de ceux qui exportent les fruits de leur sueur, & qui les font valoir, est rélatif à la perfection des arts & du commerce, &c.

Vous n'ignorez pas, Messieurs, que le Gouvernement s'est depuis long tems occupé des moyens de connoître le nombre des habitans de la France ; les états de population forment l'objet d'un département près du Ministre des Finances : mais on n'est encore parvenu à aucun état exact de population, on calcule toujours sur des probabilités ; ici, à raison de tant d'individus par personne porté au Rôle de la Capitation ; là, on conclud quel est le nombre des habitans par celui des naissances ; mais l'expérience a prouvé que ces rapports proportionnels offroient des moyens insuffisans dont les résultats étoient éloignés de la vérité.

Jusqu'à présent, Messieurs, on n'a pas tenté de faire de dénombremens, tête par tête, de tous les habitans d'une Communauté, parce que ces sortes de recherches ont toujours été suspectes ; les peu-

ples les ont vues avec inquiétude & les ont rendues impoffibles. L'inftant de la confiance eft arrivé ; les vûes bienfaifantes de votre Adminiftration l'ont fait naître , il faut la rendre utile pour acquérir les
lumières & les connoiffances néceffaires à la félicité publique.

Les dénombremens que l'on vous préfentera comprendront deux
tableaux , le premier eft divifé en fept colonnes , dans les deux premières on infcrit les chefs de famille hommes ou femmes , dans la
troifième & dans la quatrième , les garçons & les filles , dans la cinquième
& dans la fixième , les domeftiques des deux fexes , dans la feptième ,
les eccléfiaftiques réguliers & féculiers , & les religieufes.

Dans le fecond tableau placé fur la même ligne que le précédent ,
on infcrit les chevaux , les mulets , les bœufs , les anes , les moutons
& les autres efpèces de beftiaux.

CHAPITRE V.

*Communautés où l'on a fait des opérations pour vérifier la furcharge
d'Impofition.*

ON vous a déjà prévenu qu'on a vérifié , en fuivant le plan d'opération que vous avez adopté , de combien étoient furchargées d'Impofition la ville de Sauveterre , & les Communautés d'Efpinas , de Caftelmus , de Lincou & de Lentillac , de femblables opérations feroient en
peu de tems terminées dans la ville de Gourdon , dans les Communautés
de Reillac , de Boiffe , de Laroque - Bouillac , & de la Guifardie ; on
a commencé les mêmes travaux à Montpezat , à St. Sernin , à Pons ,
à Valon , à Sauvenfa , au Cuzoul , à Belmont , à Lefparre , à St. Hipolite ,
& à Combrettes.

Pour vous donner , Meffieurs , une idée exacte de tous ces travaux ,
il paroît fuffifant d'entrer dans le détail des opérations faites à Sauveterre & à Lincou , une Ville & une Communauté de campagne , vous
offriront tous les divers objets qu'on doit mettre fous vos yeux ; on
vous donnera une idée générale feulement des ouvrages faits ou à faire
dans les autres Communautés.

CHAPITRE

CHAPITRE VI.

Vérification de la furcharge de la Ville de Sauveterre & de fon territoire.

CETTE Ville étoit autrefois un principal entrepôt du commerce de l'Albigeois, du Rouergue & de l'Auvergne, aujourd'hui cette Ville eft prefque deferte.

Sauveterre eft fitué dans l'Election de Villefranche, fur une Montaragne peu fertile ; mais aucun canton n'eft mieux cultivé.

On y paye quatre mille trente fix liv. de Taille.

Cette Ville eft une des premières qui ait demandé la vérification de l'excès de fon impofition.

On y a envoyé pendant le mois de Juin de cette année, deux Ingénieurs géomètres, pour en lever le plan & en faire la defcription topographique ; mais l'un deux avec beaucoup de théorie, n'avoit aucune pratique de ces opérations ; néanmoins, ces Meffieurs ont rempli leur commiffion en fix femaines , on a vérifié leur ouvrage en deux jours.

Pendant le mois d'Octobre la Communauté a nommé huit Députés pour affifter à l'eftimation des fonds. Cette opération y a été terminée en fix jours par l'auteur de ce Rapport.

Plufieurs Propriétaires ont eu la curiofité de faire vérifier les mefures dans divers cantons , ils en ont été fatisfaits.

Après avoir fait l'eftimation, on a affemblé les Propriétaires de la Communauté pour la leur faire examiner : prefque tous les Propriétaires s'y trouvoient. L'affemblée à duré neuf heures, chaque article y a été pris en confidération ; il n'y a eu de difcuffion que pour huit articles , fur lefquels les eftimateurs avoient eux-mêmes formé des doutes qui ont été bientôt éclaircis. L'affemblée a tenu une délibération pour témoigner fa fatisfaction & fa gratitude.

Les calculs, les réductions de l'arpent à la mefure locale, la copie des Plans topographiques ont duré environ fix femaines.

Cet ouvrage a coûté cent liv. à la Communauté & cent foixante dix liv. à la Province.

Cette Communauté eft petite, il n'a pas été néceffaire d'y faire des opérations de trigonométrie, qui auroient prolongé le travail fi elle avoit été plus grande.

Cet ouvrage comprend une Carte, deux Plans topographiques & plufieurs Cahiers.

La Carte eft dreffée fur une échelle d'un dix huitieme de ligne pour toife ; elle repréfente fur une même feuille tout le contour de la Communauté, & la diftribution des Plans topographiques dans lefquels on a décrit chaque poffeffion. Comme vous y faifirez facilement, Meffieurs, l'enfemble de toute la Communauté, & que vous pourrez en fuivre de l'œil toutes les limites, vous y verrez avec étonnement qu'elle comprend un domaine confidérable qui en eft fort éloigné.

Le premier Plan eft celui de la Ville, il eft levé fur l'échelle de deux lignes pour toife, aucun objet n'y eft ômis, on y trouve les cours, les maifons, les jardins & diftinctement tous les détails poffibles des propriétés ; on y écrit le nom des principaux édifices, un numéro placé dans chaque poffeffion, indique à quel article du Cahier de topographie il faut en rechercher la defcription.

Le fecond Plan eft levé fur l'échelle d'une ligne pour perche, ou d'un tiers de ligne pour toife, il repréfente tous les héritages du territoire, tous les champs, les vignes, les prés, &c. il eft divifé en quatre Rouleaux.

Chaque Rouleau eft divifé par quarrés de feize arpens de fuperficie, ils font diftingués & indiqués en marge du Plan ; d'abord parallelement à la méridienne par des chiffres, enfuite parallelement à la perpendiculaire par des lettres.

Les limites de la Communauté & celles de chaque héritage y font diftinctement marquées ; on y trouve auffi la limite de l'Election de Villefranche & de l'Election de Rodez, qui fe confondent avec une partie des limites de la Communauté de Sauveterre.

Le genre de culture auquel chaque portion de territoire eft actuellement employé, fe trouve indiqué par différentes couleurs ; les vignes par des teintes jaunes, les terres labourées par des teintes rouges ; les prés par des teintes vertes , &c.

Les biens nobles y font défignés conformément à ce qui eft prefcrit dans le réglement , par des cordons rouges.

Ainfi , à la feule infpection de ces Plans vous reconnoîtrez diftinctement, Meffieurs, l'étendue, la confiftance & la nature de chaque héritage.

Des chiffres ou numéro placés dans chaque article du Plan, ferviront à vous indiquer l'ordre, fuivant lequel il faut en chercher la defcription , & les divers détails dans les Cahiers qui accompagnent le Plan.

Le premier de ces Cahiers contient la defcription de chaque article numéroté dans le Plan. Chaque feuille forme un tableau ou état à colonne. Ces Cahiers expliquent avec le plus grand détail la topographie de la Communauté , on y fuit chaque objet fucceffivement , fuivant l'ordre numérique du Plan. L'indication des numéro eft l'objet de la première colonne. La défignation du quarré du Plan où fe trouve le numéro , remplit la feconde. Dans la troifième on défigne le nom du Propriétaire & le titre de fon acquifition , & dans la quatrième le nom du canton. La cinquième colonne contient la defcription du fol de chaque numéro ; cette defcription en fait connoître la qualité phyfique , la fituation & l'expofition. Dans les deux colonnes fuivantes on a défigné le degré de la Table d'abonnement de la Communauté , & le degré de la Table générale de la Province, felon lefquels chaque héritage eft claffé. Dans la huitième & dans la neuvième colonne , intitulées fuperficies , on a écrit. 1°. L'étendue de chaque numéro du Plan , exprimé en arpent de Paris , contenant 100 perches de 18 pieds. 2°. La mefure locale qui eft la feterée , contenant 640 cannes quarrées de Montpellier. La dixième colonne indique le produit impofable à la Taille au marc la livre , duquel doit fe faire l'Impofition. Dans la onzième colonne, on a indiqué fuivant quel rapport l'article doit payer la dîme s'il y eft fujet. Dans la douzième colonne fe trouve l'infcription des rentes feigneuriales ou roturières. Enfin , une treizième colonne laiffe un efpace vuide pour comprendre les confronts

& les autres objets qui pourroient intéresser la Communauté & la Province.

Le second Cahier est rempli par toutes les opérations de calcul, faites suivant la mesure de Paris pour connoître la superficie de chaque article du Plan ; ce Cahier est divisé en quatre colonnes.

Le troisieme cahier offre la vérification des calculs du Cahier précédent.

Le quatrième Cahier contient pour chaque numéro la réduction de la mesure de Paris ou de l'arpent, contenant cent perches quarrées de dix-huit pieds à la féterée de six cent quarante cannes quarrées mesure de Montpellier.

Le cinquième Cahier est un état à colonne dans lequel la contenance de chaque numéro est classée par rapport aux natures des cultures, il sert à déterminer combien la Communauté contient d'arpents de vigne, de prés, &c.

Le sixième Cahier est divisé en autant de chapitres que la Communauté contient de natures de culture, il y a un chapitre pour les jardins, un pour les terres labourées, un pour les prés, &c. Chaque chapitre est divisé en autant de colonnes, que la nature de culture contient de degrés, il sert à calculer combien chaque degré de la Communauté comprend d'arpents.

Le septième Cahier est une Table alphabétique des noms de chaque Propriétaire, au-dessous desquels on indique dans une colonne les divers numéro des articles qu'il posséde, dans un autre la surface de ce N°., & dans une troisième le produit imposable.

Le huitième Cahier vous offrira, Messieurs, les calculs faits pour la répartition du produit imposable pour chaque possession proportionellement au produit du degré où elle a été classée.

Le neuvième Cahier comprend le dénombrement des habitans & celui des différentes espèces de bestiaux.

Selon ces ouvrages, la Communauté de Sauveterre contient neuf cent trente neuf arpens, trente neuf perches, six primes, une seconde, qui produisent annuellement, déduction faite des frais de culture 14779 liv. 9 f. 2 d.

La superficie & le produit imposable, sont divisés comme il suit ;

huit perches , fix primes , deux fecondes ; font des moulins dont le produit impofable eft de 150 liv.

Les maifons contiennent fix arpens , trois perches , cinq primes , neuf fecondes ; & elles produifent 2045 liv. 2 f. 1 d. ; il y en a de cinq degrés , le premier degré produit 600 liv. par arpent ; le fecond 500 ; le troifième 400 ; le quatrième 300 ; le cinquième font des maifons de campagne , eftimées comme de terres labourées du premier dégré à raifon de 50 liv. par arpent.

Les jardins contiennent quinze arpens , quatre vingt-fept perches , cinq primes , huit fecondes , & produifent 951 liv. 12 f. 2 d. Il y en a de quatre degrés.

Les terres labourées contiennent quatre cens quarante-huit arpens , quatre-vingt-quatorze perches , cinq primes fept fecondes. Il y en a de neuf degrés , elles produifent 7129 liv. 10 f. 5 d.

Les près contiennent cent dix-fept arpens , foixante & treize perches fept primes quatre fecondes. Ils produifent 2160 liv. 5 f. 5 d. ; il y en a de fix degrés.

Les vignes contiennent quatre-vingt-fix arpens treize perches fept primes cinq fecondes. Elles produifent 797 liv. 14 f. 9 d. ; il y en a de cinq degrés.

Les chataignerées contiennent cent quarante-fept arpens cinquante-deux perches quatre primes huit fecondes , & produifent 1372 liv. 11 f. 3 d. ; il y en a de cinq degrés.

Les bois contiennent cinquante-quatre arpens dix perches huit primes , & produifent 172 liv. 13 f. 1 d. ; il y en a quatre degrés.

Les paturages contiennent foixante-deux arpens quatre-vingt-quatorze perches quatre primes huit fecondes , qui produifent tous moins de 10 fols par arpent.

Pour fixer l'Impofition de la Taille fur les réfultats de ces ouvrages, on remarquera que les maifons de la Ville , bâties fur des fonds ruraux , produifent 1975 liv. 8 f. 6 d. , dont la Taille, fuivant le taux commun qui a été indiqué dans la feconde partie du compte que l'on vous rend , doit être fixé au quart ou à 493 liv. 17 f. 2 d.

Les maifons de campagne & les fonds de terre ruraux produifent 12494 liv. 9 f., fi vous vous déterminez, Meffieurs, à fixer au cinquième du produit le taux commun des biens fonds de campagne, ceux-ci devront payer 2498 liv. 16 f. de Taille, fi le taux commun n'eft que le fixième, la Taille fera de 2082 liv. 8 f. 2 d.

Si vous prefcrivez le premier taux commun, la Communauté devra donc 2992 liv. de Taille, enforte qu'elle ne recevra que 1044 liv. de diminution; mais fi ce taux eft le fixième, la Taille fera fixée à 2576 liv. 5 f. 4 d., enforte que la diminution qu'elle recevra fe portera à 1460 liv.

Il fera facile de règler la diminution fur les Impofitions qui fe perçoivent pour les charges de la Province, & qui fe répartiffent au marc la livre de la Taille.

Vous pouvez remarquer, Meffieurs, que le tableau qu'on a mis fous vos yeux, & qui a fervi à déterminer le produit impofable, que le degré unique des paturages n'eft d'aucun produit; il pourroit être évalué à cinq fous de revenu par arpent; on ne l'a pas fait, parce que vous avez arrêté dans vos précédentes Affemblées, que les fols d'un produit auffi médiocre ne payeroient point à l'avenir d'Impofition.

Cette difpofition a excité quelque réclamation. On a avancé qu'elle établiffoit une claffe de non valeurs, comme fi la modicité d'un femblable revenu pouvoit être de quelque importance pour l'Impofition; il eft aifé d'en juger par la Communauté de Sauveterre.

Le fonds qui produifent moins de 10 f. de revenu contiennent 62 arpens 94 perches, qui à 5 f. de produit par arpent, ne rendroient pas pour la Taille plus de 2 liv. 12 f.

Telles font les opérations rélatives à la répartition des Impôts.

Selon le dénombrement de cette Ville on y compte 751 habitans, dont 412 mâles & 339 femmes; il y a 195 chefs de famille mâles, 169 femmes, 194 filles, 166 garçons, 12 domeftiques & 24 fervantes. Parmi ces habitans il y en a peu qui en foient Propriétaires; on n'y a pas compris les Propriétaires étrangers. On y trouve fept Prêtres féculiers, quelques artifans & marchands en détail, prefque tous les autres habitans font cultivateurs.

On compte encore à Sauveterre 22 chevaux, 7 mulets, 9 ânes, 24 bœufs ou vaches, 237 moutons, 1c7 cochons & 81 chévres.

Les réfultats qu'offrent les opérations des Cadaftres, procurent les plus grandes facilités pour arrondir le territoire de cette Ville. On fixera votre attention fur cette opération, afin de vous préfenter, Meffieurs, un exemple des avantages que les nouveaux Cadaftres offriront pour en faire de femblables.

Il eft facile de voir par la Carte & par les Plans topographiques, que l'arrondiffement du territoire de Sauvettere ne feroit pas défectueux, s'il étoit circonfcrit dans les limites de la Paroiffe, ou fi l'on en defuniffoit le Domaine de Bercazet.

Ce domaine en eft éloigné de près de deux lieues, & féparé par des torrens qui rendent la communication impraticable avec le cheflieu en certaines faifons. Les Confuls fe plaignent d'être obligés d'aller percevoir les Impofitions auffi loin, & malgré de tels obftacles, le Propriétaire follicite vivement de voir réunir fon domaine à la Communauté de St. Martial, qui en eft la Paroiffe & près de laquelle il eft fitué.

Ce domaine ayant été mefuré & abonné en même tems que la Communauté de Sauveterre, à laquelle il appartient actuellement, il a été reconnu qu'il contenoit cent foixante-cinq arpens neuf perches. fept primes trois fecondes, & qu'il produifoit 1088 liv. 8 f. 1 d., fur quoi on peut règler facilement l'Impofition. En infcrivant la defcription de ce domaine à la fin du Cadaftre de St. Martial, on le réuniroit ainfi fans inconvéniens à cette Communauté.

CHAPITRE VII.

Vérification de la surcharge de la Communauté de Lincou (a).

LA Communauté de Lincou eſt ſituée ſur des pentes très-roides, & diviſée par la rivière du Tarn.

On y paye 2421 liv. 10 ſ. 4 d. de Taille.

Cette Communauté a de tout tems été regardée comme ſurchargée de Taille, on lui avoit toujours donné des ſecours ſur le trop allivré, une grande partie des fonds en avoit été abandonnée par les Proprié-taires, on l'avoit ſoulagée lors de la répartition des vingtièmes, & la Communauté avoit prouvé, d'une manière inconteſtable, qu'elle payoit proportionnellement cinq fois plus de Taille que pluſieurs Communau-tés voiſines, & beaucoup plus que la Ville de Requiſta, qui a de tout tems été regardée comme leſée par la répartition.

C'eſt la première Communauté qui a demandé qu'on vérifiât ſon Impoſition, la Commiſſion intermédiaire s'eſt empreſſée de la ſatisfaire. Elle a déſiré que le travail qu'on y feroit ſervit d'inſtruction aux In-génieurs géomètres qu'elle venoit d'inſtituer ; c'eſt pourquoi on y en envoya quatre, qui devoient travailler & s'inſtruire ſous M. de Long-champs, ſpécialement chargé de cet ouvrage. Le travail s'eſt fait pen-dant l'Automne & l'Hyver, il a duré environ ſept mois, les ſaiſons n'y avoient pas été favorables.

M. Calmés en a fait l'abonnement en ſix jours avec huit députés, & avec preſque tous les Propriétaires.

La Communauté a témoigné par une délibération ſa ſatisfaction de tous ſes travaux. Les calculs, les réductions de l'arpent à la meſure locale, la copie du Plan topographique ont été faits en quatre mois; mais c'étoit dans un tems où ceux qui étoient chargés de ces opéra-

---

(*a*) M. de Longchamps a eu la plus grande part à la direction de tous ces tra-vaux ; il en a toujours partagé la ſurveillance avec l'Auteur de ce Rapport.

tions

tions en avoient peu d'ufage, & étoient occupés à différentes études.

Cet ouvrage à coûté 100 liv. à la Communauté ; on ne peut pas évaluer les frais qu'il auroit occafionné à la Province, s'il n'avoit pas particulièrement été deftiné à l'inftruction des Ingénieurs géométres, qui avoient d'ailleurs d'autres occupations.

Ce travail comprend une Carte trigonométrique, deux Plans topographiques & divers Cahiers, foit pour la defcription, foit pour les Calculs.

La Carte eft dreffée conformément aux inftructions, fur l'échelle d'un neuvième de ligne pour toife. Toutes les pofitions en ont été déterminées par des opérations de trigonométrie, ce qui a procuré des bafes de la plus rigoureufe exactitude.

Un des Plans repréfente le Village levé fur l'échelle d'une ligne pour toife, & l'autre les poffeffions des campagnes levées fur l'échelle d'un tiers de ligne pour toife. Il contient toutes les poffeffions de la Communauté, de la même manière que le Plan de Sauveterre repréfente celles du territoire de cette Ville.

Les Cahiers qui accompagnent les Plans font dreffés comme ceux dont on a donné l'explication pour la Communauté de Sauveterre. Vous y trouverez feulement un Cahier de plus, contenant les calculs des opérations de trigonométrie, qu'il n'avoit pas été néceffaire de faire pour Sauveterre.

Enfin, Meffieurs, cet ouvrage contient encore un Cahier bien effentiel, c'eft celui dans lequel on a raffemblé toutes les notions rélatives à la dîme, aux rentes & à l'eftimation du produit des fonds. On y trouve la Table d'abonnement de la Communauté, les motifs, & les preuves de la valeur & du produit de chaque degré. On n'a pas confervé ces notions avec autant d'ordre pour Sauveterre, pour Efpinas, ni pour Lentilhac ; mais il fera indifpenfable de les conferver pour toutes les Communautés qu'on abonnera à l'avenir ; c'eft une idée de perfection, que l'exécution des travaux ordonnés pour Caftelmus, a fuggéré à Meffieurs Calmés & Mercier.

Les plans ont été levés à l'arpent de Paris, on les a réduits à la mefure locale qui eft la feterée, contenant huit quartes, la quarte

L

quatre boiſſeaux ou cent ſoixante cannes quarrées dè Montpellier.
La contenance totale eſt de mille trois cent ſoixante quinze arpens
vingt-quatre perches , ou de neuf cent trente-deux ſeterées trois boiſſeaux ,
trente-ſix cannes quatre-vingt dix-ſept centièmes , les biens nobles
contiennent ſept arpens vingt-ſept perches ſoixante ſecondes. Cette
ſurface produit 7755 liv. 19 ſ. 10 d. déduction faite des frais de culture.

Les fonds de la Communauté ſont diviſés comme il ſuit. Ils comprennent un moulin, dont le produit impoſable eſt de 200 liv.

Les maiſons contiennent huit arpens quinze perches huit primes
trois ſecondes. Lincou eſt un Village , toutes les maiſons y ont été
eſtimées , comme l'Adminiſtration l'a preſcrit pour les maiſons de
campagne ; on les a claſſées au même degré que les terres labourées
du plus grand produit. Le produit impoſable en a été porté à 367 liv.
11 ſ. 7 d.

On a ſuivi la même règle pour l'eſtimation des jardins ; il y en a
ſeize arpens quarante-ſix perches deux primes deux ſecondes ; ils
produiſent 740 liv. 16 ſ.

Les terres labourées ſont diviſées en ſept degrés , le premier degré
a été eſtimé 45 liv. par arpent , le ſecond 16 liv. , le troiſième 4 liv.
le quatrième 2 liv. 10 ſ. , le cinquième 1 liv., le ſixième 10 ſ. & le
ſeptième moins que 10 ſ. On compte ſept cent trente arpens ſoixante
& onze perches , huit primes , quatre ſecondes de terres labourées ; le
produit impoſable ſe porte à 1556 liv. 11 ſ. 9 d.

Les prés comprennent trois degrés , ils contiennent ſoixante-dix-
neuf arpens , ſoixante-cinq perches , ſix primes , ſix ſecondes ; ils produiſent 1312 liv. 11 ſ. 11 d.

Les vignes comprennent auſſi trois degrés , il y en a cent trente-deux
arpens , quinze perches , trois primes , & elles produiſent mille quatre
cent quatre arpens , dix-ſept perches , quatre primes.

Les châtaignerées comprennent de même trois degrés , on en compte
deux cent quatre-vingt arpens , cinquante-ſept perches , trois primes ,
huit ſecondes ; elles produiſent 2140 liv. 2 ſ. 2 d.

Il y a deux degrés de pâturages , ils contiennent cent vingt arpens
treize perches , trois primes , quatre ſecondes ; mais les quatre-vingt-ſix

arpens , quatre-vingt-onze perches , six primes, cinq fecondes produifent feuls , à raifon de 10 f. par arpent, 43 liv. 9 f. 1 d. ; les autres pâtu- rages ne valent rien , ils font eftimés au-deffous de 10 f. par arpent.

Tous les fonds impofables à la Taille , produifent donc 7765 liv. 19 f. 10 d., fi on en prend le fixième pour en fixer le taux commun, on trouvera que la Taille doit s'y porter à 1294 liv. 6 f. 7 d. , en- forte que cette Communauté recevroit une diminution de 1127 liv. 8 f. 9 d. ; fi, comme on vous la propofé, vous règlez la répartition à raifon du cinquième, Lincoù devra payer 1553 liv. 4 f. , & la di- minution fera moins forte, fi enfin vous prefcrivez qu'on eftimera à 5 f. de produit par arpent, les terres dont le revenu eft au-deffous de 10 f. , il faudra encore augmenter la Taille de 23 liv. 6 f.

Tels font les réfultats des opérations faites à Lincou rélativement à la répartition de la Taille.

On compte dans cette Communauté quarante deux familles , qui comprenent cent quatre-vingt-quatorze habitans ; on y compte auffi un cheval , un mulet, deux anes , neuf paires de bœufs & une paire de vaches de labourage , dix-fept géniffes ou taureaux , cinq cent brebis , quarante cochons & cent chévres.

Vous remarquez , Meffieurs, par les plans de cette Communauté , qu'elle comprend un fonds confidérable qui en eft affez éloigné , & qui eft entièrement enclavé dans le territoire de la Communauté de Requifta ; d'un autre côté la Communauté de Requifta , poffède dans la circonfcription de la Communauté de Lincou , un fonds à peu-près d'égale grandeur que le précédent , qui eft dailleurs féparé du territoire de Requifta par la rivière du Tarn. En mettant le fceau à l'opération dont on vient de vous préfenter les réfultats , on pourroit donner à Requifta le fonds qui eft à fa convénance & en féparer celui qui eft enclavé dans la Communauté de Lincou à laquelle on le réu- niroit.

CHAPITRE VIII.

Vérification de la furcharge de la Communauté d'Efpinas.

CETTE Communauté eft fituée dans l'Élection de Montauban fur la pente & fur le fommet d'une Montagne calcaire & argilleufe ou le rocher fe trouve prefque partout à la furface, enforte qu'elle eft peu fertile.

Efpinas paye 3855 liv. de Taille, de tout tems elle a été reconnue comme exceffivement chargée de Taille, les Officiers de l'Élection & les Receveurs des Tailles ont continuellement demandé des dons pour elle fur le trop allivré : il lui en a toujours été accordé, foit par l'Intendant, foit par votre Commiffion intermédiaire ; elle a été une des premières Communautés qui ait follicité qu'on en vérifiat la furcharge.

On y a envoyé deux Ingénieurs géomètres pendant l'Été de 1783, mais avec affez de théorie ces Ingénieurs n'avoient pas affez de pratique de leur Art pour que la furveillance de leur ouvrage n'exigeat beaucoup de tems, ils l'ont terminé en trois mois ; actuellement un feul Ingénieur le feroit feul auffi vite.

L'Auteur de ce Rapport a fait en huit jours l'eftimation des fonds de cette Communauté, en les claffant dans les degrés de la defcription des diverfes qualités de fols de la Province, fuivant les principes, qui vous ont été développés : il a été affifté de huit Députés de la Communauté.

Les réfultats de toutes les opérations ont été mis fous les yeux des Propriétaires article par article, ils en ont été fatisfaits.

Cet Ouvrage a coûté 105 liv. à la Communauté, & 450 liv. à la Province. On en préfentera toutes les parties à l'Adminiftration, elles font femblables à celles des Cadaftres de la Communauté de Sauveterre & de Lincou.

Efpinas contient deux mille cent quatre arpens, quatre vingt dix-huit perches, trois primes, deux fecondes, qui reduits à la mefure de St. Antonin donnent trois cent quarante cinq fetérées dix-fept boiffeaux quatre lattes, & à la mefure de Caylus huit cent foixante-huit fetérées, quatre quartons, trois boiffeaux, quatre lattes ; on fait également ufage de ces deux dernières mefures.

Les fonds fujets à la Taille produifent 13546 liv., 9 fols, 1 den., dont le fixième ou la Taille eft de 2048 liv., 19 f., 10 d., ainfi la Communauté doit recevoir une diminution de 1806 liv., 3 f., 8 d., la diminution fera moins grande fi le taux commun n'eft fixé qu'au cinquième, & fi on évalue à 5 f. par arpent le produit des terres dont le revenu eft au-deffous de 10 f.

L'examen des Plans vous aura fait appercevoir que la poffeffion numérotée 1220 qui eft fort éloigné d'Efpinas, fe trouve compris dans le territoire de la Paroiffe de Mordagne. Le bon ordre demanderoit qu'elle fut réunie à la Communauté de la Paroiffe ou elle fe trouve. D'autres poffeffions numérotées 706, 707 & 725, font infcrites dans les Cadaftres d'Efpinas & dans celui de la Communauté de Verfeil qui eft limitrophe. C'eft aujourd'hui le moment de rendre juftice aux Propriétaires de ces articles, en ne les infcrivant pas dans le nouveau Cadaftre d'Efpinas.

Vous remarquerez encore fur le même Plan que cette Communauté contient deux maifons numérotées 1216 & 939 baties fur les limites moitié dans la Communauté d'Efpinas & moitié dans celle de Caylus ; cela a été imaginé pour être impofé à la Capitation de Caylus où l'on paye proportionnellement beaucoup moins qu'à Efpinas.

Enfin, Meffieurs, le détail des charges Seeigneuriales comprend un droit d'araire qui fe paye au domaine du Roi à raifon de feize boiffeaux d'avoine & de feize de froment (mefure de St. Antonin) par tête de laboureur, il feroit digne de votre fageffe de folliciter l'abolition ou le rachat d'un droit de cette nature : il attaque directement la culture & tel en eft l'effet pernicieux qu'on ne nourrit à Efpinas que la moitié des bœufs néceffaires à la culture, afin de ne pas y multiplier les laboureurs & de fe fouftraire au droit d'araire.

CHAPITRE IX.

Vérification de la furcharge de Caftelmus.

CETTE Communauté eft fituée dans une vallée affluante du Tarn, les pentes en font extrêmement roides & continuellement dégradées par les Ruiffeaux & les Ravins qui les arrofent, cette Communauté a de tout tems été regardée comme trop chargée de Taille, elle avoit toujours reçu des dons fur le trop allivré, on l'avoit un peu foulagée par la répartition des vingtièmes, & Meilieurs les Officiers de l'Élection, & les Receveurs des Tailles avoient demandé qu'elle fut une des premières dont on vérifiat la furcharge.

Le territoire en eft fort étendu ; mais une grande partie en eft Noble, ou dépend de la Commanderie de Millau.

Les opérations qu'on y a faites ont coûté à la Communauté 110 liv, deux Ingénieurs géomètres en ont levé le Plan : ils avoient pour lors peu de pratique & l'on n'avoit que des inftrumens imparfaits à leur donner.

C'eft la première Communauté, Meffieurs, dont les fonds ayent été eftimés fuivant la méthode qui vient de vous être développée : l'opération a été commencée avec l'Auteur de ce Mémoire. Elle a été terminée en huit jours par Mr. Calmés & Mr. Mercier avec huit Deputés de la Communauté.

Les réfultats de cette opération portent le produit impofable à la Taille de tout le territoire de cette Communauté, à 4371 liv. 14 f. ; enforte que Caftelmus ne devroit payer, à raifon du fixième, que 728 liv. de Taille ; comme elle en paye 1287 liv., elle doit recevoir une diminution de 559 liv. Enfin, la diminution fera moins forte, fi on évalue à 5 f. par arpent le produit des fonds qui rendent moins de 10 f., & fi le taux commun d'Impofition eft prefcrit au cinquième.

Cette Communauté contient deux cent trente-quatre habitans, dont cinquante-quatre chefs de famille, foixante-cinq femmes, foixante garçons & cinquante-cinq filles. On y compte deux chevaux, quatorze mulets, vingt-deux ânes, trente neuf bœufs pour les labours, cinq cent cinquante bêtes à laine, quatorze chévres & vingt-sept cochons.

CHAPITRE X.

Vérification de la furcharge de la Communauté de Lentillac.

CETTE Communauté eft fituée dans une vallée, arrofée par un ruiffeau affluant du Lot, les pentes en font extrêmement roides & continuellement degradées par les ruiffeaux & les ravins. L'opinion de fon exceffive furcharge étoit tellement établie pendant l'adminiftration des Intendans, qu'ils lui ont toujours accordé fur le trop allivré des dons qui égaloient fouvent la moitié de fa contribution à la Taille.

La Commiffion intermédiaire s'eft déterminée à y faire les premiers travaux, par la confidération de cette exceffive Impofition, & par les avantages qu'a cette Communauté peu éloignée de Villefranche, pour furveiller les opérations, & pour les faire plus facilement fervir à l'inf-truction des Ingénieurs géomètres ; elle y en a envoyé quatre, fous la direction de M. Dutriac.

Ce favant Ingénieur, auquel on doit les fecours les plus étendus, a bien voulu auffi affifter l'Auteur de ce Rapport pour l'évaluation du produit des fonds, & pour les claffer dans les degrés de la def-cription des diverfes qualités de fols. Cet ouvrage a été achevé après fix jours ; il a été fait avec huit Députés de la Communauté.

Ces travaux n'ont coûté que 10 liv. à la Communauté, parce que les Propriétaires font venus volontairement indiquer leurs héritages. Les frais de la Province fe font portés loin, on y a dépenfé au moins 1500 liv. ; mais on n'avoit pû s'empêcher de donner des appointemens aux Ingénieurs qu'on inftruifoit ; c'étoit dans un tems où il falloit accréditer cet état & y préfenter des motifs d'émulation.

Les réfultats de cet ouvrage établiffent que le produit impofable à la Taille fe porte à 21000 liv. 6 f. 6 d., dont le fixième qui doit, fui-

vant le taux commun déterminer la Taille, eſt de 3550 liv. 4 ſ. 5 d.,
enſorte que la Communauté doit recevoir une diminution de 2016 liv.
7 ſ. 3 d. La diminution ſera moins forte, en la règlant à raiſon d'un
taux au cinquième du produit.

CHAPITRE XI.

Opérations faites à Boiſſe pour en vérifier la ſurcharge,

CETTE Communauté eſt ſituée ſur les bords du Lot, elle comprend une plaine fertile; mais la plus grande partie de ſon territoire
forme une côte ſeche & preſque ſtérile.

Cette Communauté a de tout tems été regardée comme exceſſivement leſée par la répartition de la Taille. Perſonne ne le conteſte;
elle avoit fait, il y a quelques années, uu abandon de toutes ſes poſſeſſions, combiné avec le Seigneur & le Décimateur, on lui a donné
des remiſes, & on lui a accordé des dons qui l'ont un peu rétablie.

Le Plan en a été levé, & la deſcription en a été faite par un Ingénieur géomètre & un ſurnuméraire. Cet ouvrage a coûté 48 liv. à
la Communauté & 300 liv. à la Province. Il faut encore en eſtimer
les fonds & en calculer les plans, on y employera deux mois.

CHAPITRE XII.

Opérations faites à la Roque-Bouillac pour en vérifier la ſurcharge.

CETTE Communauté eſt ſur une des pentes les plus eſcarpées de la
côte du Lot. On ne peut voir un pays d'un aſpect auſſi peu agréable
& auſſi aride. On y a profité de quelques rochers qui avancent en forme
de corniche dans le Lot, pour bâtir le Village qui eſt ordinairement
preſque tout renverſé pendant les grandes inondations de cette rivière.

La Roque-Bouillac a de tout tems reçu des dons ſur le trop allivré,

vré , & MM. les Receveurs des Tailles , les Officiers de l'Election ,
les Subdélégués la croient excessivement surchargée.

Le Plan en a été levé par un Ingénieur géomètre qui a levé celui
de Boisse. La Communauté y a dépensé 36 liv. , & l'ouvrage a coûté
environ 300 liv. à la Province ; on dépensera encore environ 150 liv.
pour les calculs & l'abonnement.

On rencontre des difficultés pour fixer une partie des limites de
cette Communauté avec celles de Bouillac , ces limites ne sont pas
décrites dans les anciens Cadastres.

CHAPITRE XIII.

Opérations faites dans la Communauté de la Guizardie.

CETTE Communauté est située sur une montagne schisteuse & argil-
leuse : c'est un pays de peu de produit ; cependant les opérations qu'on
y a faites confirment dans l'opinion qui étoit généralement reçue qu'elle
n'est pas surchargée d'Imposition.

Le Plan de la guizardie a été levé par Mr. Dutriac & un Ingénieur géomètre surnuméraire, les calculs & la description en sont terminés.

Ces Ouvrages n'ont rien coûté à la Province, ni à la Communauté. Mr. Dutriac a bien voulu le faire en renouvellant le Terrier de
Mr. de la Guizardie : il est convenu de rendre le même service aux
Communautés & à la Province chaque fois qu'il seroit des Terriers ; à
condition qu'il seroit secondé par un Ingénieur géomètre ou un surnuméraire intelligent , c'est de cette manière qu'il a commencé le
Cadastre de Sanvensa , Communauté excessivement chargée de Taille.

Le désintéressement de Mr. Dutriac s'étend plus loin , il se propose
d'enseigner gratuitement l'art féodal aux Ingénieurs géomètres qu'on
lui confiera , afin qu'ils apprennent à faire les adaptations des anciens Cadastres & qu'ils puissent à leur tour, rendre à la Province

& aux Communautés les services que leur rend Mr. Dutriac (a).

Le Plan de la Guizardie offre un exemple remarquable des arrondissemens défectueux des Communautés & des inconvéniens des anciens Cadastres.

Cette Communauté est d'abord divisée en deux territoires separés par une montagne & éloignés de plus d'une demi lieue, elle comprend encore quatre autres cantons isolés dont le plus considérable se trouve éloigné de la Guizardie de près de cinq mille toises.

Le territoire le plus au nord est fort étendu, il est de la Paroisse de Golignac & touche à la Communauté de ce nom, on y voit un canton qui est un objet de discussion avec la Communauté de Golignac.

Le second territoire aussi vaste que le premier, est situé au midi, il est en partie de la Paroisse de Villecomtal, une autre partie est de celle de Campuac & une troisième de celle de Servieres : presque toutes les limites du dernier sont inconnues, ce qui occasionne des Procès avec les Communautés voisines.

Trois des cantons isolés sont situés au levant & sont de la Paroisse de Servieres & le dernier canton est situé au midi, il est de la Paroisse de Segonzac.

En faisant l'estimation des fonds de cette Communauté, il sera facile d'en projeter & d'en exécuter l'arrondissement.

CHAPITRE XIV.

Opérations faites dans la Communauté de Reillac pour en vérifier la surcharge.

LE Plan de cette Communauté est levé, la description en est faite & une partie des calculs en sont terminés. Cet ouvrage à coûté 150 liv. à la Communauté & 200 liv. à la Province. On dépensera encore 150 liv. pour l'évaluation des fonds & le reste des calculs.

(a) Le zèle & le dévouement de ce Citoyen éclairé sera imité par Mr. Mercier de Millau, à qui on doit déjà les plus grands secours & surtout de très profondes observations sur l'estimation du produit des terres.

La Communauté contient beaucoup de terreins qui ont été abandonnés, & des communaux fort étendus. On doit inceſſamment partager les communaux; les Plans qui ſont levés, & l'eſtimation qu'on va faire rendront cet ouvrage très-aiſé.

CHAPITRE XV.

Opérations faites dans la Ville & dans le territoire de Gourdon pour en vérifier la ſurcharge.

LA Ville de Gourdon eſt ſituée dans l'Eléction de Caors. C'eſt une des principales Villes de la Province; elle a de tout tems été regardée comme exceſſivement chargée de Taille: MM. les Intendans, les Officiers de l'Eléction & les Receveurs des Tailles la croyoient telle, elle a preſque continuellement reçu des dons ſur le trop allivré & ſur le moins impoſé. En 1676 M. l'Intendant fit faire la vérification de ſa ſurcharge, & ſelon le rapport que lui remit le Commiſſaire qu'il en chargea, cette Communauté étoit beaucoup plus impoſée, & pluſieurs fois plus qu'un grand nombre de celles qui l'environnent.

Depuis 1676 la Ville de Gourdon a continuellement réclamé contre la leſion qu'elle ſouffroit par la proportion du Tarif de 1669, & MM. les Intendans ont fait procédér à diverſes autres vérifications, dont les réſultats ont toujours établi que la Communauté de Gourdon étoit extrêmement ſurchargée.

La Ville de Gourdon a été une des premières Communautés qui ait eu recours à l'Adminiſtration pour la vérification de ſa ſurcharge.

On y a employé, pendant les belles ſaiſons de 1783 & 1784, trois Ingénieurs géomètres; mais un d'eux n'a été en état de travailler utilement qu'à la fin de 1784. Ils ont levé tous les Plans de cette Communauté, ils en ont remis la deſcription, & ils en ont commencé les calculs.

L'éloignement eſt cauſe que les Conſuls de cette Ville ont fait aux Ingénieurs quelques avances à compte de leurs appointemens; comme les comptes n'en font pas encore règlés, on ne fait quelles font les dépenfes qui refteront à la charge de la Communauté ; mais il eft certain qu'elles ne fe porteront qu'environ à 900 liv. , l'ouvrage aura coûté près de 2400 liv. à la Province.

CHAPITRE XVI.

Ville de Montpezat & Communauté de l'Efpare.

MONTPEZAT eft une des principales Villes de l'Election de Montauban. Il n'y en a pas dont le territoire foit plus étendu ; c'eft un fol blanc & argilleux & peu fertile.

L'Efpare eft fitué près de Montpezat, le fol n'en eft pas meilleur, & la Communauté eft fort petite.

Ces deux Communautés ont de tout tems été regardées comme trop allivrées, elles ont fouvent reçu des dons ; MM. les Intendans, les Officiers de l'Election & les Receveurs des Tailles préfumoient qu'elles étoient furchargées d'un tiers.

Les opérations de Montpezat font moins avancées que celles des Communautés précédentes, on ne les terminera que l'année prochaine. La campagne a commencé fort tard cette année ; le Plan de la Ville eft levé ainfi qu'une partie de ceux de la campagne. Quoique cette Communauté foit plus étendue que celle de Gourdon, les ouvrages en coûteront proportionnellement moins, foit à la Communauté, foit à la Province, parce que l'expérience a appris à les fimplifier.

Les travaux de l'Efpare ne feront pas chers, & feront vraifemblablement terminés dans le courant de l'année prochaine.

CHAPITRE XVII.

Opérations faites pour vérifier la furcharge des Communautés du Cu-
zoul, de Pons, de Vallon, de St. Hyppolite , de Sanvenza , des
Villes de St. Sernin , de Belmont , de Combret , &c,

LES ouvrages de la Communauté du Cuzoul ne fe termineront que
l'année prochaine ; ils coûteront environ 60 liv. à la Communauté &
300 liv. à la Province. Un feul Ingénieur géomètre en eft chargé, &
il a annoncé qu'il termineroit fes opérations après trois mois de
travail.

Les Communautés de Pons, de Vallon & de St. Hyppolite fe tou-
chent , elles font fituées fur la même montagne ; elles ont de tout
tems été regardées comme extrêmement lefées par la répartition de la
Taille. L'ouvrage n'en eft pas fort avancé ; on en a mefuré les bafes &
calculé les points principaux. Le détail de Pons eft commencé, deux
Ingénieurs géomètres y feront occupés l'année prochaine & pourront
en terminer le travail. Il coûtera environ 600 liv. aux trois Communautés & 1800 liv. à la Province.

M. Dutriac a commencé les opérations de Sanvenza ; il fe propofe
de les finir avec l'aide d'un Ingénieur géomètre , en reconnoiffant les
droits Seigneuriaux de ces deux terres ; enforte que le travail ne coûtera rien aux Communautés , & que la dépenfe pour la Province fera
bornée aux appointemens de l'Ingénieur géomètre.

Cet ouvrage fera d'autant plus important , que la Communauté de
Sanvenza eft regardée , fans aucune contradiction, comme une des
plus lefées.

M. Dutriac en fera en même tems un femblable dans la Communauté du Four de Sanvenza , qui eft fitué fur la même montagne que
Sanvenza , mais qui ne paffe pas pour être trop impofé. On en fera
affuré par les opérations de M. Dutriac qui n'exigeront aucune dépenfe.

On a commencé des opérations dans les Villes de St. Sernin & de

Belmont, & dans quelques Communautés voifines, qui ont de tous tems été regardées comme fort chargées de Taille, trois Ingénieurs y feront occupés pendant le courant de l'année prochaine.

Ces ouvrages coûteront environ 3600 liv. aux quatre Communautés & 4000 liv. à la Province.

CHAPITRE XVIII.

Carte génerale de la Province dreffée fur une Échelle de quatre lignes pour cent toifes.

LA Carte générale du Royaume, eft le plus beau monument de géographie qui exifte, aucun autre état que la France n'a ofé tenter de s'en procurer un femblable. Les grands avantages qu'il doit procurer à une Adminiftration devouée au bien Public, ne vous ont point échappé. En 1780, Meffieurs, vous avez reconnu combien il feroit intereffant d'en étendre fuffifamment les détails fur une Carte affez grande (*a*) pour embraffer d'un coup d'œil les rapports qu'ont entr'elles les différentes parties de la Province, pour reconnoître les circonfcriptions des Communautés, des Élections & des Diocèfes, pour diriger les nouvelles Routes, pour projeter les nouveaux ouvrages néceffaires à la navigation des Rivières, & pour remplir divers autres objets dignes des foins d'une Adminiftration paternelle. Ces confidérations prifes, vous avez deliberé qu'on drefferoit une nouvelle Carte de la Province à points doubles de celle de l'Académie, & qu'on y rapporteroit tous les détails néceffaires à vos vuës.

La Commiffion intermédiaire s'eft empreffée avec d'autant plus de zèle à faire faire cette Carte, qu'elle y a été forcée par la néceffité d'en avoir une femblable pour diriger les opérations, dont doivent être chargés les Ingénieurs géomètres qui iront fucceffivement lever les Plans des Communautés furchargées par la répartition des Impofitions territoriales.

En conféquence, la Commiffion a fait arrêter qu'on drefferoit cette

(*a*) Voyez le Procès Verbal de l'Affemblée de 1780, page 243.

Carte , qu'on y decriroit. 1°. Les limites des Communautés, des Paroiſſes , des Juriſdictions , des Élections , des Diocèſes & de la Province. 2°. La direction & les ſinuoſités de tous les chemins en diſtinguant par le deſſin les chemins vicinaux d'avec les grandes Routes , en y exprimant les parties praticables celles qui ſont en bon état & celles qui ſont miſes en entretien ſimple. 3°. Le cours des ruiſſeaux & des rivieres avec la diſtinction des parties des rivieres qui ſont navigables & des travaux qu'on y auroit fait pour y obvier aux deſtructions qu'occaſionnent les inondations. 4°. L'étendue des différentes natures de cultures & l'indication des Plans topographiques levés pour le renouvellement des Cadaſtres. 5°. La poſition de toutes les Paroiſſes de toutes les Villes , Bourgs, Communautés & Villages avec des ſignes pour repréſenter les Abbayes , les Évêchés, les Prieurés ſimples , les chefs lieux de Juriſdiction , de Sénéchauſſées , d'Élections , &c. 6°. La poſition des Hameaux , des Fermes , des Moulins, & des autres objets qui n'ont pas été placés dans la Carte générale de France , ou qui n'y ont été placés que par eſtime & non par des opérations de geométrie. (a) 7°. L'indication des diverſes eſpèces de mines en fixant l'étendue & en diſtinguant les mines nouvellement découvertes d'avec celles où l'on trouve des travaux abandonnés. 8°. La ſituation des fontaines minérales & des objets rélatifs à l'hiſtoire naturelle. 9°. L'indication de la nature phyſique des ſols , en diſtinguant par des couleurs & des caractères convenus , les ſchiſteux , les calcaires , les graniteux, &c. &c.

La Commiſſion intermédiaire conſidérant que la perfection de cette Carte ſeroit d'autant plus grande , ſelon que les détails en ſeroient plus étendus & mieux repréſentés, a délibéré qu'on la dreſſeroit à point quadruplé de la Carte générale de France ; c'eſt-à-dire, ſur une échelle de quatre lignes pour cent toiſes. C'eſt, Meſſieurs, ſur une échelle double de celle que vous aviez fixée ; mais ce changement doit vous être agréable , puiſqu'il tend a une plus grande perfection.

Pour dreſſer cette Carte , on s'eſt dabord ſervi des feuilles de la

____

(a) Voyez la deſcription géométrique de la France , page 15.

Carte de France qui ont été publiées , & des Tables alphabétiques qui les accompagnent , dans lesquelles on a fixé la distance à la méridienne & à la perpendiculaire de toutes les Villes, Bourgs, Paroisses & Abbayes comprises dans chaque feuille. Aujourd'hui on doit s'attendre à des secours plus grands, parce que M. Cassini de Thuri, vient de publier dans la description géomètrique de la France, qu'on communiqueroit des détails plus étendus aux personnes qui les demanderoient (a) , & qu'on trouveroit déposés à l'observatoire avec la feuille originale , les Registres d'observations & de calculs , dans un ordre qui en facilitera la recherche.

La nouvelle Carte de la Province se dresse sur une échelle de vingt-cinq toises pour lignes, & sur des feuilles uniformes longues de soixante-six pouces huit lignes , & larges de vingt pouces quatre lignes ; huit de ces Cartes comprendront tout le pays représenté par une feuille de la Carte de France, c'est environ pour chaque Carte une surface de trente-une lieues quarrées.

Pour que vous jugiez mieux de la distribution de ce travail , on en a figuré le tableau sur une Carte qu'on mettra sous vos yeux (b). Vous y reconnoîtrez que la nouvelle Carte comprendra vingt feuilles pleines, & trente-une qui ne contiendront que des parties de la Province, plus ou moins grandes, les neuf feuilles lavées en jaune indiquent celles qui sont déjà dressées, & qu'on aura l'honneur de vous présenter ; il ne reste plus qu'à indiquer les détails qu'on ne pouvoit y placer sans faire préliminairement des recherches & des opérations locales.

La Commission intermédiaire voulant éviter les dépenses que ce travail pouvoit occasionner , en a chargé les Ingénieurs géomètres , en arrêtant qu'ils n'en feroient occupés que dans les momens pendant lesquels on ne pourroit les employer aux travaux plus importans qui leur sont confiés.

(a) *Idem.* page 19.

(b) Ce tableau est dressé sur la Table itineraire que la Commission intermédiaire a demandé aux Ingénieurs géomètres depuis la dernière assemblée de l'Administration, & dont il a été rendu un compte particulier dans le rapport de Mrs. les Syndics , & du Bureau des chemins.

QUATRIÈME

QUATRIEME PARTIE.

Compte des dépenses faites pour les travaux rélatifs à la rectification de la répartition de la Taille.

INTRODUCTION.

APRÈS avoir eu l'honneur de vous rendre compte des divers travaux qui ont été faits depuis quatre ans & demi, pour rectifier la répartition de la Taille dans cette Province, il est essentiel de vous faire connoître les dépenses qu'ils ont occasionnés.

Quoique ces opérations ayent moins coûté qu'on ne s'y attendoit, on ne peut cependant pas se dissimuler que beaucoup de frais ont été faits sans aucun fruit ; que d'un autre côté les circonstances ont donné lieu à des retards & à des dépenses extraordinaires. Comme on n'a rien négligé pour travailler avec économie en avouant les dépenses inutiles, on s'honorera de celles dont la Province recueillira des avantages.

Les dépenses faites se portent à 80000 liv., savoir à 17222 liv. 7 s. 3 d. pour 1780 & 1781, à 20700 liv. 8 s. 9 d. pour 1782, à 19123 liv. 11 s. 5 d. pour l'année 1783, & à 22953 liv. 4 s. 7 d. pour 1784.

Le compte que l'on rend comprend dabord les dépenses faites pour rechercher le taux commun de la Taille, & pour décrire les diverses qualités de sols, ensuite les dépenses rélatives aux Ingénieurs géomètres, & aux Cadastres auxquels ils ont travaillé.

N

CHAPITRE PREMIER.

Dépenses faites pour la recherche du taux commun & la confection de la Table d'abonnement.

LES premières dépenses se montent à 34591 liv. 14 f. pour les années 1780, 1781, 1782, 1783, & environ 14753 liv. 4 f. 7. d. pour 1784. On ne peut pas en déterminer au juste la somme, parce que les diverses personnes qu'on y a employées pendant cette année, n'ont pas encore remis leurs comptes.

L'état détaillé de ces dépenses offre pour l'année 1780 & 1781.

Appointemens des Commissaires de l'Administration.	7978 l.	f.
Abonnateurs extraordinaires.	2178	16
Gratification à l'Auteur de ce Rapport.	720	
Gratification à un Ecrivain.	100	
Guides & Indicateurs.	391	
	11367 l.	16 f.

On a dépensé en 1782.

Appointemens des Commissaires de l'Administration. .	7200 l.	f.
Abonnateurs extraordinaires.	2151	5
Gratifications données à l'Auteur de ce Mémoire, pour son voyage à la Cour.	1500	
Gratifications à M. Calmés.	700	
Guides & Indicateurs.	324	
	11875 l.	5. f.

On a dépensé en 1783.

Appointemens des Commissaires de l'Administra-
tion. . . . . , ... 7800 l.   f.   d.
Abonnateurs extraordinaires. 3189   3   9
Guides & Indicateurs. . . . . . . , . . . 227   7
Transport de mesures & d'étalons dans les di-
verses Communautés. 132

11348 l. 10 f. 9. d.

En 1784 les dépenses ont été faites pour les mêmes objets ; mais on ne peut pas encore en rendre un compte détaillé , parce qu'on n'en a pas les pièces. On remarquera seulement que les appointemens des Commissaires de l'Administration ont été les mêmes ; qu'on a augmenté les frais des abonnateurs extraordinaires , afin de terminer pour cette Assemblée la Table d'abonnement , & les recherches rélatives au taux commun. Enfin l'Auteur de ce Mémoire a obtenu une gratification de 1000 liv. pour un voyage qu'il a fait à Paris , & que les affaires de la Province ont occafionné.

On a compris dans les dépenses de la seconde partie, les frais de Bureau que la Table d'abonnement & la recherche du taux commun ont occafionné.

En se faifant rendre compte du travail des diverses personnes qui ont été employées , & des frais qu'elles ont coûté, il sera facile de reconnoître que quelques unes n'ont pas rempli la confiance ; mais dans un ouvrage preffé on ne pouvoit s'empêcher de hafarder quelques dépenses dans l'espoir d'en éviter d'autres ou d'accélérer le travail. Enfin , Messieurs , on ne peut pas avoir la satisfaction de vous dire que toutes les recherches qu'on a faites ont été utiles ; on a bien souvent voyagé fans fruit , combien n'a-t-on pas livré aux flammes de notes & de Mémoires qui avoient beaucoup coûté. On n'a fait usage que de la moindre partie des matériaux qu'on avoit ramaffé.

N ij

CHAPITRE II.

Dépenses faites pour l'institution de l'École & du Bureau des Ingénieurs géomètres , & pour la confection des Cadastres.

CES dépenses se montent à 22455 liv. 2 f. 5 d. pour les années 1780, 1781, 1782 & 1783 , elles vont à peu-près à 8200 liv. pour l'année 1784.

En 1781 on a dépensé.

Appointemens des Ingénieurs. . . . . 2915 l. 6 f. 8 d.
École des Ingénieurs. 400
Gratifications aux Éleves de l'école. . . . 275
Gratifications aux Professeurs. 700
Achat d'Instrumens. 764   15   3.
Frais de Bureau. . . . . 799 -   18   4.

                                               5855 l.   0   3.

Pendant l'année 1782, on a fait les dépenses suivantes.

Appointemens des Ingénieurs. . . . . 6066 l. 17 f. 6. d.
École des Ingénieurs. 400
Gratifications données aux Ingénieurs géomètres. 1375
Frais de Bureau. 615   1
Achat d'Instrumens. 194   12
Frais à Lentilhac & à Lincou. 173   11

                                               8825 l.   1 f. 6 d.

En 1783 on a dépensé.

Appointemens des Ingénieurs. . . . . 5508 l. 6 f. 8 d.
École des Ingénieurs. 400
Achat d'Inftrumens. 171   4
Frais de Bureau. 934
Mémoire de l'Imprimeur. 361   10

7375 l. 0 f. 8 d.

Les Comptes de cette année ne font pas terminés, mais on juge qu'ils fe porteront à 8200 liv.

On peut ajouter à ces diverfes dépenfes celles qui ont été faites par les Communautés où l'on a dreffé des Cadaftres.

S A V O I R :

A Sauveterre. . . . . 100 liv.
A Lincou 100
A Lentillac. 10
A Caftelmus. 110
A Efpinas. 105
A Boiffe. 48
A Laroque - Bouillac. 36
A Reillac. 120
A Gourdon , environ. 900
A Montpezat, environ. 100
Au Cufoul. 30
A St. Sernin, à Belmont, à Poftomi, & à Combret. . 60
A Pons , à St. Hyppolite, & à Vallon. 100

1819 liv.

Le feul reproche qu'on pourroit faire fur ces dépenfes, c'eft d'avoir donné des appointemens à quelques Ingénieurs géomètres dans le tems même qu'on les inftruifoit ; mais on l'a fait pour exciter l'émulation , pour augmenter le nombre de ceux qui concourent à remplir ces places , lorfque la prévention faifoit tous fes efforts pour les décrediter.

Les Pièces juftificatives des dépenfes dont on vient de rendre compte ont été mifes fous les yeux de la Commiffion intermédiaire & du Bureau des Tailles , on en lira chaque article à l'Adminiftration , fi elle le fouhaite : aucun frais ne s'eft fait fans avoir prévenu la Commiffion intermédiaire & fans en avoir reçu l'autorifation.

CINQUIEME PARTIE.

Comment la Province récueillira les fruits des opé-
rations faites pour rectifier la répartition de la
Taille.

INTRODUCTION.

ON vous a rendu compte de toutes les opérations faites pour rectifier la répartition de l'Impofition territpriale, après avoir eu le courage
de les entreprendre , après avoir vaincu les obftacles multipliés qui s'y
font oppofés , on doit s'attendre que vous n'aurez pas obtenu des
fuccès ftériles ; vous aurez la grandeur & la gloire de les faire fervir
à la félicité de cette Province : c'eft dans cette coufiance, infpirée par
votre fageffe & par tout ce que vous avez déjà fait pour le bonheur
Public, qu'on vous propofe d'appliquer les principes fimples & lumineux que vous avez decouverts, pour repartir l'Impôt avec équité &
avec l'égalité proportionnelle qui eft l'objet de vos vœux.

Ces principes font , Meffieurs, de régler la répartition fuivant un taux
commun d'Impofition ou une proportion uniforme, dont la recherche
a été l'objet des travaux dont on vous a rendu compte dans la première
partie de cet Ouvrage : de fixer les eftimations des valeurs & des produits felon les degrés de la Table d'abonnement qui a été mife fous vos
yeux , & dont on vous a dévéloppé l'objet dans la feconde Partie :
de perfectionner la confection des Cadaftres de chaque Communauté ,
& de les faire fervir de bafe à une jufte répartition, foit entre les
Propriétaires d'une Communauté, foit entre toutes les Communautés de
la Province ; on en a traité dans la troifième Partie.

C'eft fous ces divers afpects qu'on examinera comment, il faut actuellement rectifier la répartition.

CHAPITRE PREMIER.

Comment il faut fixer & appliquer le taux commun d'Impofition.

VOUS vous rappellez , Meffieurs , que lorfque vous avez médité pour la première fois fur les moyens de rectifier la répartition de la Taille, vous avez reconnu qu'il n'y en avoit point , dont l'évidence fut mieux établie que le renouvellement du Cadaftre général ou de tous les Cadaftres de chaque Communauté ; mais vous avez rejetté un moyen auffi fimple , parce qu'il auroit été extrêmement difpendieux , & qu'il auroit eu l'inconvénient d'occafionner une révolution fubite , en rétabliffant, fur le champ, la jufte proportion : vous avez préferé des principes moins exacts , mais qui approchaffent affez de la vérité pour qu'on pût les admettre fans inconvénient. Vous avez imaginé de rechercher combien dans toute la Province une certaine quantité de biens fonds payoit d'Impofitions rélativement à fon produit : vous avez cru qu'on pourroit ainfi juger du tout par les parties qu'on en connoîtroit.

En méditant fur les réfultats que vous procureroient de femblables recherches , vous avez reconnu qu'ils n'établiroient que des rapports probables de la proportion de l'Impôt , & vous vous êtes appliqués à revêtir ces probabilités du plus grand degré poffible d'aproximation. Vous vous êtes dabord apperçus qu'en divifant les Communautés en trois claffes , dont la première comprendroit les Communautés peu impofées , la feconde celles qui le feroient bien , & la troifième celles qui le feroient trop ; vous trouveriez avec plus de vraifemblance dans la feconde claffe le tarif d'Impofition que vous cherchiez.

Mais pour vous affurer qu'on établiroit avec plus d'exactitude la divifion des trois claffes de Communauté , vous avez imaginé de faire faire dans la première & la feconde claffe , des recherches femblables à celles que vous demandiez dans la claffe des Communautés bien impofées.

On vous a rendu compte , Meffieurs, de la manière dont on a rempli ces vues.

Les

(105)

Les réfultats des opérations qu'on a mifes fous vos yeux, fixent le taux commun d'impofition dans les Communautés bien impofées, au fixième du revenu impofable pour les biens fonds des Campagnes, au quart pour les maifons des Villes, ils le fixent au tiers dans les Communautés exceffivement impofées, & au douzième dans celles qui le font le moins.

Mais on n'a pas perdu de vue que l'objet effentiel de ces opérations étoit de déterminer avec le plus d'exactitude qu'on le pourroit, le taux d'impofition des Communautés préfumées bien impofées ; c'eft pourquoi on s'y eft principalement appliqué ; c'eft pourquoi les recherches fe font étendues dans vingt-trois Communautés. On y a pris 450 exemples, & on en a calculé l'impofition fur une maffe de revenu d'environ 250000 liv.

On n'a pas operé avec autant d'étendue dans les Communautés des deux autres claffes, on s'eft contenté d'y recueillir affez de matériaux pour faire connoître qu'il règne une grande difproportion ; mais on a crû qu'il étoit inutile d'augmenter les dépenfes & de confommer un tems précieux pour déterminer les divers degrés de ces diverfes difproportions.

C'eft à vous aujourd'hui, Meffieurs, de juger fi le taux commun trouvé dans les Communautés préfumées bien impofées, réunit affez de degrés de probabilité pour en faire ufage.

Vous reconnoîtrez facilement que les claffes des Communautés n'ont été fixées que fur des préfomptions, & qu'il n'eft pas prouvé rigoureufement qu'elles foient impofées fuivant la proportion de la claffe dans laquelle on a cru pouvoir les ranger. On ne peut pas même fe défendre de croire que la vérification de leur impofition pourroit apporter des changemens à la claffification.

D'après ces confidérations, on a penfé qu'on ne doit regarder le taux commun trouvé à raifon du fixième, que comme une probabilité à laquelle on courroit des rifques de s'en rapporter. Dans l'incertitude de probabilité, on donneroit des foulagemens trop forts aux Communautés furchargées.

Ne feroit-il pas mieux de fixer le taux commun d'impofition au cinquième du produit ? Sans doute qu'il pourroit arriver que les Communautés lefées n'obtiendroient pas des diminutions affez fortes ; mais on feroit affuré qu'on leur accorderoit des fecours confidérables, & on fe ménageroit de leur en procurer de plus juftes, quand le renouvellement d'un grand nombre de Cadaftres auroit établi avec vérité la jufte proportion qui doit règner.

CHAPITRE II.

Comment la Province recueillira le fruit des notions recueillies pour la defcription des diverfes qualités des fols:

DANS vos précédentes Affemblées, Meffieurs, vous aviez arrêté que l'on décriroit, & que l'on évalueroit tous les fols de la Province dans une Table générale d'abonnement, en ayant égard aux qualités phyfiques des terres, aux diverfes expofitions, aux plantes les plus communes, aux cultures en ufage, aux fruits qu'on recueille & aux fituations les plus favorables pour le commerce.

Vous aviez auffi demandé que les eftimations de chaque fol & l'appréciation des fruits fuffent determinées fur les mefures de Paris, & d'après les prix moyens & communs de chaque Élection.

Enfin, les évaluations devoient être juftifiées par les prix communs des ventes, par ceux des fermes, par des eftimations d'Experts, & par des exemples des diverfes natures de fols.

On a eu l'honneur de vous rendre compte de la manière dont on a employé ces divers moyens d'aproximation dans autant de différentes Tables ou defcriptions que la Province contient de culture. Il y en a une pour les Jardins, une pour les Terres labourées, une pour les Prés, une pour les Vignes, une pour les Chataignerées, une pour les Bois & une pour les Pâturages, & chacune de ces Tables eft divifée en autant de degrés qu'il y a de fols de produit différent.

Enfin, Meffieurs, on vous a auffi rendu compte de la manière dont on a eftimé les maifons.

Ces defcriptions vous ont paru dignes de votre confiance, vous n'a-vez pas douté qu'elles ne fixaffent auffi pofitivement qu'il étoit poffible, l'évaluation des fonds & qu'elles ne fuffent d'un grand fecours pour feconder les opérations des Commiffaires que vous employeriez.

On vous obfervera, Meffieurs, que les Cadaftres d'un grand nombre de Communautés procureront des defcriptions encore plus détaillées que celles de la Table d'abonnement, foit de chaque nature de culture, foit de chaque qualité & de chaque degré de fols ; alors on aura un nombre infini de moyens de comparaifon, & en rapprochant les degrés d'une Commu-nauté avec ceux d'une autre, on fixera l'eftimation des produits, auffi exactement qu'il eft poffible : ces Cadaftres contiendront de nouvelles preuves de la Table d'abonnement, & répandront, dans tous les can-tons de la Province, les notions les plus claires de l'évaluation des fols. S'il fe gliffoit quelques erreurs, elles feroient bientôt découvertes par tous ceux qui feroient intéreffés à en demander la correction.

Vous devez auffi vous attendre, Meffieurs, qu'en publiant la Table générale d'abonnement, elle acquerrera une grande perfection par l'étude qu'en feront les habitans des divers cantons, & par les recher-ches auxquelles chacun fe livrera pour découvrir fi on a décrit avec exactitude les fols qu'ils poffèdent. Enfin, la publication de cette Ta-ble procurera à tous les Experts de la Province des points de compa-raifon, pour toutes les opérations qu'ils feront journellement dans le cas de faire, & vous verrez fe multiplier fans frais les abonnateurs dont vous aurez befoin.

Enfin, encore fi vous défirez qu'on fixe la valeur des fols qui pro-duifent moins de 10 f. par arpent, pour les faire concourir au paye-ment des Impofitions fuivant la proportion fixée par le taux com-mun, on ne rencontrera aucune difficulté. Ces fols ont déja été décrits dans la Table d'abonnement, on peut fans danger en déterminer l'é-valuation à 5 f. par arpent, l'Impofition en fera fi modique qu'on n'aura pas à craindre qu'elle foit fenfiblement trop forte ou trop foible.

En vous rendant compte des objets rélatifs à l'évaluation des fonds, on vous a fait part des moyens qu'on avoit employés pour réduire toutes les mefures locales aux mefures de Paris, foit pour faciliter les

comparaifons, foit pour procurer à la Province tous les avantages de
l'ufage des mefures uniformes, on vous a propofé de réunir les réductions faites dans un feul ouvrage dont la publication a paru indifpenfable.

CHAPITRE III.

Comment on vérifiera la furcharge des Communautés lefées par la répartition actuelle.

VOUS avez reconnu, Meffieurs, que les Cadaftres en ufage font
trop imparfaits foit pour régler avec équité la répartition entre les Propriétaires d'une même Communauté, foit pour la rectifier entre les diverfes Communautés.

On vous a expofé les moyens qu'on a employés pour dreffer de
meilleurs Cadaftres dans les Communautés qui demanderoient qu'on
vérifiat leur Impofition ; vous avez vu que dans ces ouvrages on employoit les méthodes les plus exactes pour mefurer & décrire les fonds ;
vous avez jugé qu'il n'étoit pas poffible de mettre plus de jufteffe &
moins d'arbitraire dans l'eftimation du revenu & du produit. Enfin,
vous vous êtes convaincus que la confection de ces Cadaftres occa-
fionnoit beaucoup moins de dépenfe que ceux qu'on renouvelle
journellement.

On vous obfervera, Meffieurs, que les Cadaftres que vous ferez
faire fuivant les principes qu'on vous a expofés, procureront des notions
fuffifantes pour régler l'Impofition entre les Communautés. Ces nouveaux Cadaftres feront autant de Titres qui juftifieront la diminution
que vous demanderez au Confeil de Sa Majefté : fi l'on veut s'en fervir
pour régler la répartition entre les Propriétaires d'une même Communauté, il fera néceffaire de recourir aux formes ordinaires, en s'adref-
fant à la Cour des Aides.

Les feules opérations, Meffieurs, qui vous reftent donc à faire,
pour rectifier la répartition de la Taille entre les Communautés lefées
par le Tarif de 1669, font l'application de la Table d'abonnement &

du taux commun, fuivant les méthodes que l'on vous a expofées, conformément aux Cadaftres que l'on a mis fous vos yeux, & qui ont été faits pour déterminer les foulagemens qu'il faut accorder aux Communautés de Sauveterre, de Lincou, de Caftelmus, d'Efpinas, de Lentillac, &c. &c.

Les Communautés font fort éloignées les unes des autres, on les a choifies pour opérer autant qu'il étoit poffible également dans chaque Élection. En les examinant vous pouvez juger, Meffieurs, combien il fera facile de comparer avec des femblables Cadaftres les Communautés entr'elles. Quand on en aura fait dans les Communautés moins éloignées les unes des autres, les Propriétaires de chacune découvriront fans peine les motifs qui auront déterminé à affimiler, ou à différencier les degrés de chaque Cadaftre. Comment fe refufera-t-on aux plaintes qu'on aura tant de moyens de juftifier, fi l'on évalue les degrés d'une Communauté difproportionnellement à ceux d'un autre ? Les plaignans ne feront plus embarraffés par des mefures inconnues, & par des expreffions arbitraires de valeur & de produit. Le fol, par exemple, eftimé 50 liv. de produit dans une Communauté, devra être femblable & de même produit que celui qui aura été eftimé au même prix dans une autre, fans quoi les Propriétaires & la Communauté qui feront lefées auront les plus juftes motifs de fe plaindre.

Ainfi, Meffieurs, en multipliant les nouveaux Cadaftres, vous verrez fe multiplier continuellement les moyens de rectification, & la répartition acquerrera néceffairement toute la perfection dont elle eft fufceptible.

CHAPITRE IV.

Fonds pour la continuation des travaux.

QUANT aux dépenfes qu'occafionnera la vérification de la répartition, vous pouvez continuer d'y employer les 20000 liv. du trop allivré, dont vous vous êtes fervi pour faire faire toutes les opérations préparatoires à ces travaux.

CHAPITRE V.

Perfonnes qui ont le plus concouru aux fuccés des travaux dont on a rendu compte à l'Adminiſtration.

ENFIN, Meſſieurs, vous trouverez dans les délibérations de vos précédentes aſſemblées, toutes les diſpoſitions ultérieures qui peuvent tendre à faire recueillir à la Province les réſultats des opérations qu'on a mis ſous vos yeux.

Mais qu'il ſoit permis, avant de terminer le compte qu'on a l'honneur de vous rendre, de vous témoigner la reconnoiſſance particulière que l'on a pour les perſonnes qui ont bien voulu concourir à tous ces travaux; on ne peut pas les nommer toutes, la plûpart des bons Citoyens y ont eu part, tous vos Membres & vos Correfpondans ont donné les ſecours les plus étendus. On ſe félicitera toujours d'avoir eu pour aſſociés MM. de Longchamps & Dutriac. Vous êtes inſtruits des lumières & du déſintéreſſement avec lequel M. Mercier de Millau s'eſt appliqué à la perfection de la Table d'abonnement, & à la découverte du taux Commun. M. Vidal de Caors n'y a pas concouru avec moins de zèle, & il vous a été déjà pluſieurs fois rendu compte de l'intelligence, & des talens avec leſquels M. Calmés à répondu à votre confiance.

On remplit un devoir bien agréable, en rendant cet hommage aux perſonnes qui ont partagé les peines & les fatigues des grandes opérations que vous avez entrepriſes. On follicite pour elles les graces de l'Adminiſtration, puiſſent les fuccès de leurs travaux les faire jouir de la gloire d'avoir été utiles à leur Pays. Quelle félicité n'aura-t-on pas de partager avec elles cette recompenſe.

LA matière mife en délibération, l'Affemblée après avoir témoigné fa fatisfaction des divers ouvrages qui ont été mis fous fes yeux, a arrêté :

1°. Que tous les divers ouvrages préliminaires, faits pour parvenir à la rectification du Tarif de 1669, feront mis par fa Commiffion intermédiaire fous les yeux du Roi. Que Sa Majefté fera fuppliée de faire examiner dans fon Confeil les réfultats de ces opérations, & de faire connoître à l'Adminiftration Provinciale, l'opinion que le Confeil aura cru devoir prendre fur les travaux, entrepris pour parvenir à une répartition équitable de l'Impôt territorial, afin que l'Adminiftration Provinciale puiffe dans les féances de l'année 1786, aidée des lumières de l'Adminiftration fupérieure, & de celles que fes Membres recueilliront dans cet intervale, propofer au Souverain un dernier vœu, rélativement à l'exécution ultérieure des opérations faites jufqu'à ce jour.

2°, Que l'on continuera jufqu'en 1786 à procéder dans la Province à la vérification de la furcharge des Communautés trop impofées, conformément aux principes qui ont dirigé les opérations qu'on vient de mettre fous les yeux de l'Affemblée, & aux méthodes prefcrites par les réglemens rélatifs aux Ingénieurs géomètres, & aux Abonnateurs que l'Adminiftration à employés.

3°. Que les 20000 liv. du trop allivré, qui avoient été deftinées aux opérations préparatoires à la rectification du Tarif de 1669, continueront à être employées pour la vérification de la furcharge des Communautés plaignantes.

4°. Que toutes les opérations pour la réduction des mefures locales aux mefures de Paris feront vérifiées, & que les réfultats en feront rendus publics.

5°. Que le Bureau des Ingénieurs géomètres continuera de dreffer la Carte générale de la Province, dont les premières feuilles ont été mifes fous les yeux de l'Adminiftration , en fe conformant à ce qui a été arrêté par la Commiffion intermédiaire.

6°. L'Affemblée confidérant en même tems l'étendue & l'importance des travaux de la perfonne qui a conduit cette grande opération, du facrifice qu'elle a fait de fon tems , de fa fanté , & d'une place qu'elle occupoit dans les Bureaux du Contrôle général , pour mieux concourir au vœu de l'Adminiftration ; confidérant auffi combien peut être utile à la Haute-Guienne un homme de mérite , qui a une connoiffance auffi détaillée & auffi profonde des intérêts de cette Province, a cru devoir s'occuper des moyens de procurer à M. de Richeprey un dédommagement pour les avantages auxquels il a renoncé, & d'affurer à la Province le fecours de fon expérience & de fes talens , en conféquence elle a unanimement délibéré de fupplier Sa Majefté d'affurer dès aujourd'hui à M. de Richeprey , fur les fonds de la Province, une penfion annuelle & viagère de 2000 liv. , laquelle néanmoins n'aura lieu que lorfqu'il ceffera de jouir de fes appointemens , & de laquelle il ne jouira qu'avec la claufe expreffe qu'il ne lui fera pas libre de quitter , ni d'abandonner les fonctions dont l'Adminiftration le chargera fans fon confentement , à moins d'infirmité ou de caufe majeure.

7°. L'Affemblée défirant encore donner des marques de fa fatisfaction aux différentes perfonnes , qui ont concouru à la perfection de ces travaux , charge la Commiffion intermédiaire d'en donner de particulières aux fieurs de Longchamps & Dutriac , Ingénieurs Géomètres en chef, & au fieur Calmés, en lui manifeftant qu'elle verroit avec plaifir qu'il continuat à être employé aux mêmes opérations , fuivant que la Commiffion le jugeroit à propos.

PROJET
DE RÉGLEMENT
POUR LES INGÉNIEURS GÉOMÈTRES.

Préfenté à l'Adminiftration Provinciale de Haute-Guienne, par M. Henry de Richeprey.

ON a réuni dans ce Réglement toutes les inftructions données jufqu'à préfent aux Ingénieurs géomètres, afin que chacun d'eux pût acquérir plus facilement les connoiffances de fon état & de fes devoirs.

ARTICLE PREMIER.

Choix & études des Éleves.

§. PREMIER.

On continuera à ouvrir annuellement à Caors des cours de mathématiques, de deffin, d'écriture & de lever des Plans.

§. II.

On ne fortira pas de l'école pour être admis Ingénieur furnuméraire, avant de favoir les élémens d'arithmétique, de géométrie, & de trigonométrie rectiligne, il faudra auffi favoir lever les plans avec toutes fortes d'inftrumens, & pouvoir les deffiner & y écrire nettement les diverfes écritures qu'on y emploie.

A

§. I I I.

Pendant la belle faifon , les Éleves iront lever les Plans que le directeur de l'école indiquera.

ARTICLE II.

Choix & études des furnuméraires.

§. PREMIER

TOUTE perfonne qui aura les connoiffances & les qualités qu'on exige des Éleves de l'école des Ingénieurs géomètres , pourra être admis au Bureau en qualité de furnuméraire.

§. II.

Mais à mérite égal les Éleves de l'école devenus furnuméraires, auront la préférence pour être nommés Ingénieurs géomètres.

§. III.

Les furnuméraires viendront annuellement à Villefranche fuivre les études du Bureau des Ingénieurs géomètres , depuis le premier Janvier, jufqu'au premier Mai.

§. IV.

Ils entreront en campagne avec un Ingénieur géomètre , depuis le premier Mai , jufqu'au premier Janvier , pour s'inftruire des travaux qu'on y fait.

§. V.

Tout furnuméraire qui n'aura pas fuivi avec fuccès les cours d'études & le travail de Bureau , ne pourra pas avoir de place d'Ingénieur géomètre.

§. VI.

Les furnuméraires feront fubordonnés en tout à l'Ingénieur géomètre en chef, à un Ingénieur qu'on aura chargé particuliérement de furveiller à leurs travaux & aux Profeffeurs des différens cours d'études.

§. VII.

Nul furnuméraire ne pourra être admis Ingénieur géomètre, fi pendant le tems du furnumérariat il n'a pas mérité l'approbation des chefs, & s'il n'a pas le fuffrage unanime des Ingénieurs géomètres.

ARTICLE III.

Choix, études & travail des Ingénieurs géomètres.

§. PREMIER.

LES Ingénieurs géomètres feront toujours nommés en vertu d'une délibération de la Commiffion intermédiaire.

§. II.

Les commiffions des Ingénieurs géomètres leur feront adreffées au nom de la Commiffion intermédiaire, par un des Syndics généraux de la Province.

§. III.

Les Ingénieurs géomètres feront fubordonnés en tout à l'Ingénieur géomètre en chef, auquel ils feront tenus de rendre compte de leurs travaux chaque fois qu'il le demandera, nonobftant les comptes qu'ils auront à rendre au Bureau.

§. IV.

Tout Ingénieur dont les chefs feront mécontens, fera obligé de quitter fa place.

A ij

ARTICLE IV.

Ingénieur vérificateur.

§. PREMIER.

L'INGÉNIEUR géomètre vérificateur , fera tenu de vérifier à la campagne tous les Plans qui fe leveront , & d'en certifier l'exactitude à l'Ingénieur en chef.

§. II.

L'Ingénieur vérificateur vérifiera auffi les defcriptions, reconnoîtra fi elles font complettes , fi elles s'accordent avec les Plans , & fi elles font faites dans l'ordre convenu.

§. III.

Il vérifiera tous les calculs , foit fur les Plans , foit dans les différens cahiers.

§. IV.

Il vérifiera auffi l'exactitude des échelles qu'on employera à la levée des Plans.

§. V.

Aucun des ouvrages des Ingénieurs géomètres , ne fera rendu au Bureau avant d'avoir été vérifié.

§. VI.

L'Ingénieur vérificateur fera une tournée chaque année dans toutes les Communautés où l'on travaillera , il y conftatera l'état du travail , il le vérifiera & en rendra compte à la Commiffion intermédiaire.

§. V I I.

L'Ingénieur vérificateur dreſſera un Procès Verbal de la vérification ; ce Procès Verbal contiendra la Table des ouvrages faits.

§. V I I I.

L'Ingénieur vérificateur rendra compte à l'Ingénieur en chef de toutes les vérifications , & l'Ingénieur en chef en reconnoîtra toute l'exactitude en ſignant le Procès Verbal de vérification.

ARTICLE V.

Ingénieur géomètre en chef.

§. PREMIER.

L'INGÉNIEUR en chef de la Province ſera toujours nommé en vertu d'une commiſſion , ſignée par la Commiſſion intermédiaire.

§. I I.

En cas de vacance de ſa place , elle ne pourra être remplie que par l'Ingénieur géomètre qui l'aura obtenue , en concourant avec ſes Confrères.

§. I I I.

Pour être nommé Ingénieur géomètre en chef, il faudra avoir le ſuffrage des deux tiers des Ingénieurs géomètres.

§. I V.

Pour être nommé Ingénieur géomètre en chef, il faudra avoir toutes les connoiſſances requiſes pour être Ingenieur géomètre , il faudra exceller dans quelques unes.

(6)

§. V.

Celui qui fe préfentera pour être Ingénieur géomètre en chef, ne doit avoir donné occafion à aucun fujet de juftes plaintes rélatives à fa conduite, & aux travaux dont il aura été chargé.

§. V I.

L'Ingénieur géomètre en chef rendra compte toutes les trois femaines de l'état des travaux à la Commiffion intermédiaire.

§. V I I.

Tous les Ingénieurs géométres & les furnuméraires, feront fubordonnés à l'Ingénieur géomètre en chef.

§: V I I I.

L'Ingénieur géomètre en chef fe fera rendre compte, quand il le croira néceffaire, des travaux des Ingénieurs géomètres, & il les vérifiera quand il voudra; mais dans le tems arrêté par la Commiffion Intermédiaire.

§. I X.

L'Ingénieur géomètre en chef préfidera à tous les travaux & études des furnuméraires, & des Ingénieurs géomètres.

§. X.

Nul ne fera nommé Surnuméraire, ni Ingénieur géomètre fans l'agrément de l'Ingénieur géomètre en chef.

§. X I.

L'Ingénieur géomètre en chef fera en campagne depuis le premier Janvier jufqu'au premier Mai, pour vérifier les travaux des Ingénieurs géométres, pour commencer leurs travaux quand les Communautés feront étendues ; & pour examiner les difficultés dont les Ingénieurs géomètres lui feront part.

§. X I I.

L'Ingénieur géomètre en chef fera lui-même, ou vérifiera toutes les opérations de trigonométrie.

§. X I I I.

L'Ingénieur géomètre en chef fe conformera annuellement pour les voyages à ce qui fera arrêté par la Commiffion intermédiaire, & il ne pourra s'en écarter fans en avoir obtenu l'agrément.

§. X I V.

L'Ingénieur géomètre en chef furveillera toutes les études, tous les travaux des Ingénieurs géomètres, les inftruira, les guidera & rendra compte à la Commiffion intermédiaire de leurs fuccès, de leur conduite & de leurs travaux, foit à la Ville ou à la campagne.

A R T I C L E V I.

Études & travail du Bureau.

§. P R E M I E R.

Un des Ingénieurs géomètres démontrera annuellement, depuis le premier Janvier jufqu'au premier Mai, un cours d'arithmétique & d'algébre.

§. I I.

Un des Ingénieurs géomètres démontrera annuellement, depuis le premier Janvier jufqu'au premier Mai, un cours de géométrie & de trigonométrie rectiligne.

(8)

§. I I I.

Un des Ingénieurs géomètres donnera annuellement , depuis le premier Janvier jufqu'au premier Mai , un cours de toutes les études rélatives au deffin de la Carte & des plans.

§. I V.

Tous les Surnuméraires & les Ingénieurs géomètres feront tenus d'affifter à tous ces cours d'études.

§. V.

Les Ingénieurs & les Surnuméraires feront encore occupés depuis le premier Janvier jufqu'au premier Mai au Bureau , pour la rédaction des travaux de la campagne.

§. V I.

L'Ingénieur géomètre en chef préfidera à toutes les études & les travaux des Surnuméraires & des Ingénieurs géomètres ; & fera tenu d'en rendre compte à la Commiffion intermédiaire.

ARTICLE VII.

Campagnes des Ingénieurs géomètres.

§. PREMIER.

TOUS les Ingénieurs géomètres & les Surnuméraires demeureront annuellement en campagne , depuis le premier Mai jufqu'au premier Janvier.

§. I I.

Les Ingénieurs géomètres feront toujours adreffés aux principaux habitans , aux Maires , aux Confuls des Communautés , au nom de la Commiffion intermédiaire ; par le Procureur général Syndic.

§. I I I.

§. III.

Les Ingénieurs rendront compte de leurs travaux de campagne tous les mois à la Commission intermédiaire.

§. IV.

Aucun Ingénieur, envoyé dans une Communauté pour en lever le Plan, ne pourra en découcher deux nuits de suite sans en avoir obtenu l'agrément de la Commission intermédiaire.

§. V.

Aucun Ingénieur géomètre ne pourra quitter une Communauté où il aura été envoyé pour en lever le Plan, quand bien même son ouvrage seroit terminé, sans en avoir obtenu l'agrément de la Commission intermédiaire, & avant que son ouvrage ait été vérifié.

§. VI.

Les Ingénieurs géomètres prendront toujours pour garant de leur conduite le corps Municipal, & demanderont en quittant la Communauté une délibération, pour exprimer à la Commission qu'on a été content d'eux.

ARTICLE VIII.

Mesure des bases.

§. PREMIER.

AUTANT qu'il sera possible les Plans des Communautés seront levés avec une seule base.

B

§. I I.

On se servira toujours pour la mesurer, d'une perche longue de trois toises & bien équériée.

§. I I I.

Si le pays est montueux on placera un niveau au milieu de la perche.

§. I V.

Toutes les perches seront divisées avec un instrument, dont la grandeur & les divisions auront été fixées sur l'étalon déposé au Bureau des Ingénieurs géomètres.

§. V.

On prendra toutes les précautions pour mesurer la base exactement, pour en être certain on la mesurera deux fois.

§. V I.

En mesurant la base, on aura l'attention de faire note des principaux objets que l'on rencontrera sur cette ligne, & de la distance où ils se trouveront.

§. V I I.

On laissera des signaux, qui auront au moins dix pieds de hauteur, à tous les endroits apparens qui seront sur la base.

§. V I I I.

On multipliera assez les signaux de la base, pour qu'il s'en trouve un à chaque trente-six perches ou environ.

ARTICLE IX.

Trigonométrie.

§. PREMIER.

On ne faira des opérations de trigonométrie que dans les grandes Communautés, pour donner des bafes qui s'étendent dans les rouleaux féparés les uns des autres.

§. II.

Quand les points de trigonométrie ne feront pas affez remarquables pour être vus de loin, on y laiffera un fignal.

§. III.

Les obfervations & les calculs des opérations de trigonométrie, feront rapporrés dans un Cahier à colonne, conformément au modéle ci-joint (*a*),

§. IV.

On fuivra pour ces calculs l'ordre adopté par l'Académie des Sciences, pour le calcul des triangles de la Carte générale de France.

§. V.

Chaque page du Cahier des calculs de trigonométrie eft divife, en neuf colonnes.

§. VI.

La première colonne comprend la mefure des trois angles de chaque triangle, les deux premiers font les deux angles adjacens à la bafe;

____

(*a*) Le modéle a été mis fous les yeux de l'Adminiftration.

le troifième eft l'angle de l'objet dont on cherche la diftance ; au-deſſous de ces mefures on en fait l'addition pour vérifier fi elles font exactes, ou fi elles forment 180 degrés.

§. V I I.

La feconde comprend le nom des objets de chaque angle.

§. V I I I.

La troifième colonne les logarithmes de chaque angle , 1°. L'on y place le logarithme de la bafe. 2°. Le logarithme de la coſécante de l'angle oppofé à la bafe , s'il ne paſſe pas 45 degrés , & fa fécante s'il paſſe 45 degrés , enfuite on tire une barre. 3°. On écrit le logarithme du premier angle adjacent à la bafe. 4°. On additionne les deux premiers logarithmes infcrits au-deffus de la barre , & l'on en écrit la fomme à la quatrième ligne. 5°. On place le logarithme de l'autre angle adjacent à la bafe , on tire une feconde barre. 6°. On écrit la fomme du logarithme du premier angle adjacent à la bafe , & celle produite par l'addition du logarithme de l'angle oppofé à la bafe , & du logarithme de la bafe , ce qui donne un des côtés. 7°. On écrit la fomme du logarithme du fecond angle adjacent à la bafe , & celle produite par l'addition de l'angle oppofé à la bafe , & du logarithme de la bafe , ce qui donne le troifième côté.

§. I X.

Dans la quatrième colonne on écrit la longueur des côtés exprimés en toife de France.

§. X.

Dans la cinquième colonne on infcrit , 1°. les angles que forme chaque objet conclu avec la méridienne , & l'objet de l'angle qui lui eft adjacent fur l'hipotenufe. 2°. On prend le complement de cet angle pour déterminer l'angle à la perpendiculaire. 3°. On additionne les deux angles qui doivent donner 90 degrés.

§. X I.

Dans la fixième colonne on inferit les logarithmes des deux angles précédens. 1°. Le logarithme de l'angle à la méridienne. 2°. Le logarithme de l'hipotenufe. 3°. Celui de l'angle a la perpendiculaire, on tire une barre. 4°. On écrit la fomme du premier logarithme & du fecond qui donne la diftance à la méridienne. 5°. On écrit la fomme du fecond & du troifième logarithme qui donne la diftance à la perpendiculaire.

§. X I I.

Dans la feptième colonne on écrit vis-à-vis des logarithmes correfpondans, les diftances entre les méridiennes & les perpendiculaires des deux objets adjacens à l'hipotenufe.

§. X I I I.

La huitième colonne comprend les diftances de tous les points à la méridienne & à la perpendiculaire d'un clocher, ou de tout autre objet principal qu'on aura choifi pour y rapporter toutes les diftances, ces diftances font faciles à conclure; puifqu'on a les diftances comprifes entre les méridiennes & les perpendiculaires de tous les objets.

A R T I C L E X.

Carte de Trigonométrie.

§. P R E M I E R.

IL fera dreffé une Carte dans laquelle on rapportera la bafe, les pofitions calculées trigométriquement, les ruiffeaux, les principaux chemins, les montagnes & la figure des limites des Communautés (a).

(a) Le modéle de cette Carte a été mis fous les yeux de l'Adminiftration.

(14)

§. II.

Cette Carte sera ordinairement dressée sur une échelle d'un neuvième de ligne pour toise.

§. III.

Quand la Communauté comprendra des domaines éloignés & séparés par d'autres Communautés, on indiquera la position de ces domaines sur une Carte dont l'échelle sera fort petite, en se servant des calculs faits par l'Académie pour la Carte générale de France.

§. IV.

On exprimera dans cette Carte, au carmin & avec une ligne pleine, les bases principales mesurées selon qu'il est prescrit dans l'Article VIII.

§. V.

On pointillera en encre de la Chine les côtés des triangles calculés.

§. VI.

Sur cette Carte on fera la distribution des rouleaux sur lesquels on levera les Plans topographiques ; on y marquera en lignes très-fines tous les quarrés qui divisent ces rouleaux, & des lignes plus fortes exprimeront chaque rouleau ; enfin, des lettres de l'alphabet & des chiffres écrits en marges au milieu de chaque quarré, se rapporteront à celles écrites semblablement sur les rouleaux, comme il sera dit au §. 19 de l'Article 17.

ARTICLE XI.

Rouleaux pour les Plans topographiques.

§. PREMIER.

ON levera les Plans fur la planchette avec des rouleaux de papier divifés en quarrés.

§. II.

Chaque quarré fait avec une échelle d'un tiers de ligne pour toife, aura quarante lignes de longueur & de largeur.

§. III.

Il y aura toujours fix de ces quarrés fur la largeur de la feuille, & quand à la longueur il y en aura plus ou moins, fuivant l'étendue de la Communauté dont on aura à lever le Plan.

§. IV.

Tous les rouleaux auront la même largeur, & tous ceux qui ferviront à lever le Plan d'une même Communauté auront la même longueur.

§. V.

Les rouleaux pour lever les plans des Villes & des Villages, feront divifés en quarrés égaux à ceux des rouleaux pour lever les Plans des Campagnes.

§. VI.

On levera fur des rouleaux particuliers les Plans détaillés des Villages, & celui des Villes, à moins qu'il n'y ait d'affez grandes places vuides fur les rouleaux des Plans topographiques des campagnes, pour y placer fans gêne tous les Villages d'une même Communauté , & le plan de la Ville s'il y en a.

ARTICLE XII.

Inſtruments.

§. PREMIER.

LES Plans topographiques des Campagnes , des Villes , des Villages & des Bourgs , ſe leveront à la planchette.

§. II.

On donnera au Bureau à tous les Ingénieurs géomètres qui feront envoyés en campagne dans une Communauté pour en lever le Plan topographique , une toiſe , une planchette , ſon pied , une bouſſole , un étui ſimple de mathématiques & une boîte de fer blanc pour enfermer les Plans, deux règles ſur leſquelles feront collées les échelles dont ils auront beſoin , une règle d'équerre , un bâton d'encre de la Chine & un écritoire.

§. III.

Tous les inſtrumens remis au même Ingénieur, feront marqués d'une même lettre.

§. IV.

En partant pour la campagne, les Ingénieurs feront tenus de rendre au Bureau les inſtrumens qu'on leur aura donné , & ils en feront l'inventaire ſur le reçû qu'ils en laiſſeront.

§. V.

Quand les Ingénieurs quitteront une Communauté , & qu'ils y laiſſeront des inſtrumens ou des papiers appartenant à la Province , ils

les

les déposeront à l'Hôtel-de-Ville , & après en avoir fait l'inventaire , ils en demanderont un reçu aux Maires & aux Consuls.

§. V I.

On remettra aussi aux Ingénieurs les plumes , les échelles & les crayons dont ils auront besoin.

ARTICLE XIII.

Levée des Plans (a).

§. PREMIER.

ON tracera la base sur les rouleaux avec l'attention d'y dessiner tous les objets de rencontre dont il aura été fait note , conformément à la section six de l'article sept de la présente instruction.

§. I I.

En traçant la base , on marquera les points de la base où il y a des signaux en décrivant autour une petite circonférence ponctuée , & en les rapportant sur la base suivant les distances dont il aura été fait note en traçant la base conformément à la section six de l'article sept.

§. I I I.

On placera ensuite de même sur la planchette les points de trigonométrie s'il y en a.

§. I V.

On orientera le Plan suivant qu'il sera indiqué par l'Ingénieur géomètre en chef.

(a) On a mis sous les yeux de l'Administration tous les modèles des Plans que lèveront les Ingénieurs géomètres.

C

§. V.

On marquera fur les rouleaux tous les points de trigonométrie, en décrivant autour une petite circonférence ponctuée double.

§. V I.

L'Ingénieur fera enfuite le tour de la Communauté, & fera planter des fignaux fur les hauteurs, & dans les endroits les plus apparens.

§. V I I.

Il commencera la levée du Plan où il le jugera à propos en obfervant autant qu'il fera poffible de placer le N°. 1, à une extremité & près de la limite fituée au Nord-Ouest de la Communauté.

§. V I I I.

L'Ingénieur commencera fon opération par déterminer fur la planchette les points où il aura fait planter des fignaux.

§. I X.

Les premiers de ces points fe termineront en orientant la planchette avec la Bouffole, & en rayonnant dabord fur trois points de la bafe où l'on aura placé des fignaux felon le §. 7 de l'article 7, & qui auront été marqués fur la planchette fuivant le §. 2 du préfent article.

§. X.

S'il y a des points trigonométriques, ils ferviront avec ceux de la bafe pour déterminer les points où il y aura des fignaux.

§. X I.

Les premiers points fixés, ils ferviront concurremment avec les points de la bafe & ceux de la trigonométrie, à en déterminer de nouveau &

d'intermédiaires , & l'on couvrira la furface de la Communauté , par un canevas de triangles dont tous les fommets auront été fixés par la rencontre en un feul point de trois rayons vifuels au moins.

§. X I I.

Ce canevas de triangles bien établi , on détaillera le Plan d'héritage en héritage , en faifant des ftations partout où il fera néceffaire.

§. X I I I.

Ces ftations feront fixées géométriquement en orientant la planchette avec la bouffole , & en cherchant un point de rencontre de trois rayons vifuels dirigés fur les points déterminés conformément aux §. 2 , 3 , 8 , 9 , 10 & 11 du préfent article.

§. X I V.

De ces ftations on levera le détail des héritages , foit par des points de fection de trois ftations , foit en faifant mefurer les côtés des triangles que les angles des héritages formeront avec le point de ftation , foit par la méthode auffi sûre , & plus expéditive de mefurer les contours avec une toife , & en portant à chaque angle les mefures fur le plan fuivant que l'échelle le fixera , pourvu que l'on vérifie toujours par des mefures qui affurent que les figures fe ferment bien.

§. X V.

Les Ingénieurs vérifiéront l'exactitude de leurs opérations , foit par la rencontre en un feul point de trois rayons vifuels , foit en mefurant deux fois , foit par la rencontre exacte fur le Plan des mefures du contour de tout un héritage.

ARTICLE XIV.

Détails des Plans.

§. PREMIER.

ON levera dans le plus grand détail le Plan de chaque poffeffion en repréfentant exactement les angles & la figure, foit que ces poffeffions appartiennent au Roi, aux Ecclefiaftiques, qu'elles foient nobles, ou non.

§. II.

On détaillera chaque nature de culture telle que terre labourée, vignes, prés, bois, chataignerées, cour & jardin, foit que ces différentes natures appartiennent au même Propriétaire, ou non.

§. III.

Si une poffeffion appartenant à un même Propriétaire étoit, quoique de même nature de culture, compofée de parties de qualités vifiblement différentes, on les détailleroit féparement fans attendre l'avis de l'abonnateur.

§. IV.

Chaque figure repréfentant une poffeffion, une nature de culture, une qualité différente de terrein contiendra un numéro, foit que ces figures appartiennent au même Propriétaire, ou non.

§. V.

On marquera toutes les bornes en écrivant fur le Plan fi elles font des bornes de dixmaires, des Communautés & des fiefs, & on les repréfentera par des petites lignes noires anguleufes pour indiquer la direction des limites.

§. V I.

On marquera les croix en les deffinant en élevation.

§. V I I.

On indiquera les poteaux indicatifs des chemins en les deffinant en élevation avec autant de bras qu'ils indiqueront de chemins.

§. V I I I.

Les rivières , les étangs, les ruiffeaux, les fontaines, les ravins, fe deffineront par deux lignes à l'encre de la chine, en mettant une ligne plus forte du côté du Nord-Oueft , & obfervant les finuofités.

§. I X.

Les chemins fe mettront au trait avec de l'encre de la chine, fi ce font des chauffées , on exprimera les talus par deux lignes de chaque côté, dont la fupérieure à droite fera plus forte, fi le chemin eft dans un enfoncement , on exprimera cet enfoncement par deux lignes dont la fupérieure à gauche fera la plus forte.

§. X.

Les fentiers fe deffineront par deux lignes fines , égales & rapprochées l'une de l'autre.

§, X I.

Les ponts de pierre feront repréfentés par deux lignes droites , ou conformément au Plan du pont , on les laiffera au crayon pour être mifes au carmin au Bureau.

§. X I I.

Les ponts de bois le feront par deux lignes noires qui feront conformes au Plan du pont.

§. X I I I.

Les bacs feront exprimés par un trait fin courbé & noir , qui traverfera la rivière , & qui fera terminé par deux points plus gros , quarrés & noirs à la place des poteaux.

§. X I V.

Les guets feront indiqués par des lignes paralléles pointillées , qui traverferont la rivière.

§. X V.

Les digues en maçonnerie fe défigneront par deux lignes en groffiffant le trait oppofé au courant de l'eau.

§. X V I.

Les digues en pierre fe laifferont au crayon , pour être mifes au carmin au Bureau.

§. X V I I.

Les digues en bois feront mifes à l'encre de la Chine.

§. X V I I I.

On défignera les héritages des Communautés voifines qui confronteront avec ceux de la Communauté , dont on fera fpécialement chargé de lever le Plan.

§. X I X.

Si les Communautés defiroient avoir des Plans détaillés des édifices publics , dont l'entretien eſt à leur charge , les Ingénieurs géomètres les leveroient , mais avec l'agrément de la Commiſſion intermédiaire.

§. X X.

Si les Communautés defiroient avoir un Plan détaillé d'un chemin , d'un ruiſſeau ou de tous autres objets qui les intéreſſent, les Ingénieurs le leveroient après en avoir pris l'ordre de la Commiſſion intermédiaire.

ARTICLE XV.

Échelles dont ſe ſerviront les Ingénieurs géomètres.

§. PREMIER.

ON levera les Plans des Campagnes avec une échelle d'un tiers de ligne pour toiſe, ou d'une ligne pour perche ; mais ſi les Campagnes offroient des détails trop petits pour être repréſentés ſur cette échelle, on les leveroit avec celle d'une ligne pour toiſe, ou de trois lignes pour perche.

§. II.

On doit ſe ſervir pour lever les Villages, de l'échelle d'une ligne pour toiſe, ou de trois lignes pour perche ; mais ſi les Villages préſentoient des détails qui ne puſſent pas ſe repréſenter avec cette échelle, on ſe ſerviroit de celle de deux lignes pour toiſe.

§. III.

L'échelle du Plan des Villes doit être de ſix lignes pour perche, ſi les Villes préſentent des détails qui demandent des Plans plus étendus, on ſe ſervira de l'échelle de trois lignes pour toiſe, ou de neuf lignes pour perche.

§. IV.

Les Plans des édifices publics ſe leveront ſur une échelle de quatre lignes pour toiſe, ou de douze lignes pour perche.

§. V.

Les Plans détaillés des chemins, des ruiſſeaux & autres objets demandés par les Communautés ou par la Commiſſion intermédiaire, feront levés avec l'échelle qui fera jugée la plus convenable.

§. V I.

Les Ingénieurs ne fe ferviront d'aucune échelle qui n'ait été véri-fiée par l'Ingénieur géomètre en chef, & qui ne foit fignée de lui.

ARTICLE XVI.

Limites.

§. PREMIER.

TOUTES les propriétés de différente nature feront féparées les unes des autres avec un trait fin, plein & tracé à l'encre de la Chine.

§. I I.

Quand deux fonds de culture & de nature différentes, qui fe touche-ront appartiendront au même Propriétaire, on ne les féparera que par une petite ligne ponctuée à petits points ronds.

§. I I I.

Si la limite d'un héritage fe trouve confondue avec la ligne qui forme le quarré, on renforcera la ligne du quarré pour indiquer la limite de l'héritage.

§. I V.

On fe contentera d'indiquer fur le Cahier topographique les nu-méro qui appartiendront à la Communauté, ou qui feront réputés nobles, ou affranchis de Taille comme étant biens de l'Eglife, afin qu'on puiſſe les diſtinguer au Bureau avec des couleurs fuivant l'Ar-ticle 15, §. III.

§. V.

(25)

§. V.

Les limites des maiſons feront miſes au trait à l'encre de la Chine, en renforçant le côté de l'ombre, ſi les maiſons font en ruine, les traits feront ponctués en renforçant le côté de l'ombre.

§. V I.

Quand les limites des Communautés ſe trouvent être des ruiſſeaux, des rivières & des ravins, elles doivent être indiquées extérieurement.

§. V I I

Les limites des Communautés feront indiquées avec des points larges d'un quart de ligne, longs d'une ligne & à l'encre de la Chine.

§ V I I I.

Les limites des Elections, des Diocèſes & de la Province s'exprimeront au crayon, pour être deſſinées au Bureau ſuivant l'Article XVI, §. VII.

§. I X.

On indiquera auſſi les alignemens des limites des Communautés limitrophes, on les décrira en exprimant l'angle qu'elles forment avec les limites des Communautés dont on aura à lever le Plan.

ARTICLE XVII.

Numéro.

§. PREMIER.

CHAQUE nature de ſol, tel que les cours, les jardins, les terres, les vignes, &c. feront diſtingués par un numéro particulier, ſoit qu'ils appartiennent au même Propriétaire ou non.

§. I I.

Quand un article à numéroter se trouvera compris dans deux rouleaux, on écrira le N°. dans chaque rouleau & sur les lignes de séparation des deux rouleaux.

§. I I I.

A la droite de chaque chiffre qui indiquera un numéro , on écrira les lettres initiales qui feront connoître chaque nature , excepté dans les maisons & dans les numéro trop petits ; ou on ne pourroit les écrire sans confusion.

§. I V.

Les lettres initiales des natures feront C. pour les terres , Pr. pour les prés, V. pour les vignes , B. pour les bois , Ch. pour les châtaignerées , Pâ. pour les pâturages

§. V.

On écrira autant que l'on pourra les numéro dans un ordre suivi, tant par rapport aux quarrés qu'aux grandes limites desd. Cantons , tels que les chemins & les ravins.

§. V I.

On distinguera dans les Plans des Villes & des Villages par des numéro différents les jardins , les cours & les bâtimens isolés, quand même ils appartiendroient au même Propriétaire.

§. V I I.

Si un bâtiment, un passage, un puits, une cour, &c. appartenoient à deux ou plusieurs Propriétaires , il faudroit distinguer les possessions communes par un numéro particulier.

§. VIII.

Si une maison est divisée entre deux Propriétaires, ensorte que l'un posséde le rez-de-chaussée & l'autre le haut de la maison, on la dessinera avec des lignes ponctuées à l'encre de la Chine & croisées diagonalement, & on y mettra un seul numero.

§. IX.

Quand une rue, un passage public passe au-dessous d'une maison, on la dessinera avec des lignes ponctuées au carmin & croisées diagonalement, & on y mettra un seul numéro.

ARTICLE XVIII.

Dessin & écritures des minutes des Plans.

§. PREMIER.

ON ne lavera aucune couleur sur les Plans à la Campagne.

§. II.

On se contentera de figurer à la Campagne les Montagnes avec du crayon.

§. III.

On figurera de même les ravins, les cavités ou élevations sensibles.

§. IV.

On recommande seulement aux Ingénieurs de tracer avec netteté, à l'encre de la Chine les limites & les lignes qu'ils dévront représenter.

§. V.

On écrira à la Campagne fur le Plan les principaux noms des Villages, des hameaux, des cantons, des fontaines, des chemins & celui des Communautés limitrophes.

§. V I.

Toutes les écritures intérieures des minutes des Plans topographiques feront en caractères ordinaires de l'écriture à la main.

§. V I I.

Des caractères batards de cinq lignes de hauteur indiqueront les Provinces limitrophes des écritures batardes de quatre lignes, défigneront le nom des Diocèfes, les noms des Élections feront écrits en groffe ronde de trois lignes, les noms des Communautés feront écrits en grande coulée de même hauteur, les noms des Villes en coulée de deux lignes, les noms des lieux, des Villages, des Bourgs, des Moulins, des Métairies, des Hermitages, des Mines, des Châteaux, des Fermes, des cantons, feront écrits en petite ronde d'une ligne, les noms des chemins, des ruiffeaux, des fentiers, en petite coulée proportionnée à la largeur ; il en fera de même pour les grands édifices, les Domaines du Roi, les propriétés Publiques, ou les Communautés.

§. V I I I.

Toutes les écritures fe placeront le plus avantageufement poffible, pour comprendre les objets qu'elles défigneront, & elles fe placeront toujours & autant qu'il fera poffible horizontalement.

§. I X.

La Campagne terminée, les minutes des plans feront dépofées au Bureau des Ingénieurs géomètres pour être placées aux archives après qu'il en aura été fait les copies néceffaires.

§. X.

Aucun Ingénieur ne pourra donner copie des Plans qu'il aura levés, fans l'agrément de la Commiſſion intermédiaire..

ARTICLE XIX.

Deſſin & écritures des copies des Plans.

§. PREMIER.

ON copiera les minutes des Plans topographiques, en les calquant trait pour trait.

§. I I.

On ne fera en deſſinant les Plans , aucun autre changement à .la manière dont feront deſſinées les minutes que ceux qui vont être décrits.

§. I I I.

Les grandes limites feront repréſentées par des cordons d'une ligne de largeur lavés en bleu pour les limites des Provinces , lavés en rouge pour celles des Diocèſes , en jaune pour celles des Élections , & en verd foncé pour celles des Sénéchauſſées.

§. I V.

Les limites des Communautés feront ponctuées avec des points longs d'une ligne , & épais d'un quart de ligne comme fur les minutes

§. V.

Les autres limites feront exprimées par des cordons qui auront un quart de ligne de largeur , elles feront lavées en bleu pour les propriétés du Domaine , en noir pour les propriétés privilégiées des Eccléſiaſtiques, en rouge pour les biens nobles, & en jaune pour les communaux, tous ces cordons feront deſſinés intérieurement le long des lignes de diviſion des poſſeſſions.

§. V I.

Les limites des propriétés ſujettes aux impoſitions rurales ne feront repréſentées que par les ſimples lignes de diviſion, comme ſur les minutes ſuivant l'article XIV. §. premier.

§. V I I.

On deſſinera les montagnes, les collines, les élevations, les éſcarpements des rivières, des ravins & des chemins, au pinceau avec une teinte mêlée d'encre de la chine, de gomme gutte & de carmin, en adouciſſant depuis le ſommet juſqu'à la pente, & en renforçant la couleur du côté du Sud-Eſt.

§. V I I I.

Les rochers ſe deſſineront avec la même teinte en imitant les formes naturelles, & en ayant attention de ne pas les terminer minutieuſement.

§. I X.

Les rivières, les étangs, les ruiſſeaux, les fontaines, ſe deſſineront par deux lignes noires en obſervant les ſinuoſités, on les lavera avec la couleur d'eau en adouciſſant ſur la largeur.

§. X.

Les ponts de pierre feront repréſentés par deux traits au carmin.

§. X I.

Les maiſons, les bâtimens, les murailles & toutes les conſtructions en maçonnerie, feront deſſinés au carmin.

§. X I I.

Tous les édifices publics feront lavés en teintes légéres , mais le trait en fera au carmin.

§. X I I I.

Les diverfes natures des fols feront repréfentées par de teintes légéres de différentes couleurs , les teintes brunes indiqueront des terres labou- rées , les jaunes des vignes , les vertes des prés , les grifes des bois , les grifes avec des points ou de zéro en échiquier des chataignerées , les grifes piquetées avec des points çà & là des friches , les jardins & vergers refteront en blanc.

§. X I V.

Pour diftinguer les Églifes on les lavera comme les autres édifices publics ; mais on placera une croix à l'endroit du maître-autel.

§. X V.

Les marais feront repréfentés par des flaques d'eau.

§. X V I.

Les places , les ruës , les cours & les chenéviers , refteront en blanc.

§. X V I I.

Enfin , on fe fervira des caractères chimiques pour défigner la nature des carrières & des minéraux.

§. X V I I I.

Les écritures des copies des Plans feront femblables à celles des minutes.

§. X I X.

Les quarrés du Plan feront défignés dans la marge fupérieure du Plan

avec des caractères imprimés , en fuivant l'ordre de l'alphabet paral-
lellement aux perpendiculaires à la méridienne , le long du cadre du Plan;
& par des chiffres en fuivant l'ordre numérique le long du cadre pa-
rallélement à la méridienne.

ARTICLE XX.

Defcription topographique des terreins reprefentés par les Plans.

§. PREMIER.

IL fera remis aux Ingénieurs géomètres des Cahiers uniformes, dont
les feuilles feront divifées en plufieurs colonnes , dans lefquelles ils
écriront avec ordre & précifion les notions néceffaires pour la defcription topographique de chaque héritage. Voyez-en le modéle ci-joint (*a*),

§. I I.

Dans la première colonne on écrira les numéro de chaque héritage,
en fuivant l'ordre numérique.

§. I I I.

Dans la feconde colonne on indiquera dans quel quarré du Plan
le terrein eft fitué.

§. I V.

Dans la troifième colonne on écrira le nom du Propriétaire on indiquera a quel titre il poffède.

§. V.

Afin que chaque nom foir exactement décrit , l'Ingénieur aura la
précaution , en arrivant dans la Communauté , de demander le Rôle

---

(*a*) Ce modèle a été mis fous les yeux de l'Adminiftration.

de

de la Taille, pour former par ordre alphabétique une Table des noms
de chaque Propriétaire ou, ce qui revient au même, de chaque contribuable à la Taille.

§. V I.

On indiquéra le titre de poffeffion de la manière la plus précife,
ainfi, par exemple, pour exprimer que le Propriétaire poffède comme
héritier de fon pere, on fe contentera d'écrire une H, un D, une
S & un P, en plaçant un point d'abréviation entre chaque lettre ; fi
le Propriétaire a achété ce terrein, on l'indiquera par un A, un D,
des points d'abréviation entre ces lettres, le nom du Vendeur, le
prix & l'année de l'acquifition. Ceci peut fervir d'exemple pour les
autres titres de propriété.

§. V I I.

Dans la quatrième colonne l'Ingénieur géomètre écrira la nature du
fonds, fi c'eft un pré, une vigne, &c.

§. V I I I.

Dans la cinquième colonne, on infcrit le nom du Canton.

§. I X.

La fixième, la feptième & la huitième colonnes feront remplies par
l'Ingénieur géomètre & l'Abonnateur, comme on peut le voir dans
le Réglement rendu pour l'application de la Table d'abonnement.

§. X.

Les deux colonnes fuivantes doivent comprendre la fuperficie, on
écrira dans la première la contenance en arpens de Paris.

§. X I.

La douzième, la treizième & la quatorzième colonnes doivent être
remplies par l'Ingénieur géomètre & l'Abonnateur, comme il a été dit

E

aux §. VIII. & IX. de l'Article du Réglement, rélatif à l'application de la Table d'abonnement.

§. X I I.

On ne répétera pas ici ce que l'on a dit précédemment à l'Article du préfent Réglement, fur l'ordre qu'il faut fuivre en plaçant les numéro fur le Plan, pour en rendre la defcription plus claire.

§. X I I I.

On préviendra feulement les Ingénieurs géomètres de prendre des précautions pour n'ômettre aucun numéro, foit en les écrivant fur le Plan, foit en les écrivant fur le Cahier de defcription topographique, fans quoi l'ordre des numéro feroit interrompu.

§. X I V.

Les Ingénieurs géomètres rempliront les colonnes précédentes fucceffivement, en levant les Plans déterminés qui devront y être décrits. C'eft le plus fûr moyen de prévenir toute confufion, & de ne pas faire des erreurs dans la defcription, en prenant un article pour un autre.

A R T I C L E X X I.

Calcul des Plans.

§. P R E M I E R.

LES calculs des Plans doivent procurer, 1°. la contenance exacte de la Communauté exprimée en arpens de France & la mefure locale. 2°. La contenance de chaque numéro qui divife le Plan exprimé en l'une & l'autre mefure. 3°. La contenance en mêmes mefures des diverfes natures & des différens degrés ou qualités qui les fubdivifent.

§. I I.

Pour recueillir ces notions on employera cinq différens Cahiers de calcul.

ARTICLE XXII.

Premier cahier de calcul, calculs des numéro par quarrés.

§. PREMIER.

CE premier Cahier servira à calculer à l'arpent de France tous les numéro, & à vérifier l'exactitude de ce calcul par le moyen des quarrés qui divisent le Plan (*a*).

§. I I.

Avant de commencer à calculer les numéro, on examinera si l'on peut calculer ceux de plusieurs quarrés à la fois, cela dépend du nombre plus ou moins grand des numéro que contiendront les quarrés; si un quarré en contient plusieurs on calculera ce quarré séparément, si deux, trois, quatre ou un plus grand nombre de quarrés ne contiennent que peu de numéro, on calculera tous ces quarrés à la fois.

§. I I I.

Pour calculer un ou plusieurs quarrés ensemble, on divisera en triangles, & avec du crayon seulement les numéro contenus dans ces quarrés, sans avoir égard aux parties des numéro qui se trouveront hors des quarrés qu'on se proposera de calculer en même tems.

(*a*) Le modèle de ce Cahier a été mis sous les yeux de l'Administration.

§. I V.

On mettra au crayon une lettre dans chaque triangle du numéro que l'on calculera, afin de ne pas calculer deux fois le même triangle.

§. V.

Lorfque les numéro, & les quarrés font ainfi divifés par triangles, on calcule numéro par numéro chaque triangle qu'ils contiennent, en fe fervant de l'échelle & du compas avec lequel on prend la hauteur & la bafe de chaque triangle, on les écrit dans la première colonne du Cahier au-deffus de la première ligne entre les deux lignes intérieures, au-deffous on écrit les produits partiels de la multiplication de chaque chiffre de la bafe par chaque chiffre de la hauteur, entre les deux lignes encore plus baffes on écrit la fomme des produits partiels ; on tranfporte cette fomme dans la colonne fuivante, en ayant attention d'écrire les arpens, les perches, les primes & les fecondes entre les virgules qui doivent les féparer.

§. V I.

On continuera à calculer ainfi tous les triangles d'un même numéro, pourvû que tous ces triangles foient compris dans les quarrés qu'on veut calculer à la fois.

§. V I I.

A la fin du calcul de chaque numéro, on additionnera les fommes de tous les triangles qu'il comprend, & écrites dans la feconde colonne, en prenant la moitié on aura la contenance totale de la partie du numéro compris dans le quarré, ou dans les divers quarrés que l'on veut calculer à la fois.

§. V I I I.

On tranfporte cette fomme, indiquant la contenance du numéro ou de la partie du numéro comprife dans le quarré dans la colonne fuivante, indiquée *Totaux pour les qaarrés.*

§. IIX.

On ajoute enfuite toutes les fommes portées dans cette colonne, & fi la fomme totale de toutes les portions de numéro, contenues dans un ou plufieurs quarrés, égalent la furface du quarré ou du nombre des quarrés qui les comprennent, on peut être affuré que les fommes partielles font exactes.

§. X.

On calculera fucceffivement de cette manière tous les quarrés du Plan, en ayant l'attention de bien indiquer les numéro & de tirer deux lignes au deffous de la fin des opérations de chaque quarré, afin qu'on retrouve le quarré plus facilement.

ARTICLE XXIII.

Second Cahier de calcul, addition des parties des numéro compris dans différens quarrés.

§. PREMIER.

L'OBJET du fecond cahier de calcul eft de réunir les différentes portions des numéro contenus dans des quarrés qui ont été calculés féparément (*a*)

§. II.

Ce Cahier eft divifé en trois colonnes, dans la première on écrit les numéro dont on veut réunir différentes portions.

(*a*) Le modéle de ce Cahier a été mis fous les yeux de l'Adminiftration.

§. .I I I.

Dans la feconde on indique le quarré auquel appartient chaque portion du numéro qu'on veut réunir.

§. I V.

Dans la troifième on écrit toutes les portions du numéro, & on les additionne ce qui donne toute la contenance du numéro exprimée en arpens de France.

ARTICLE XXIV.

Troifième Cahier de calcul; réduction à la mefure locale.

§. PREMIER.

L'OBJET du troifième cahier de calcul eft de réduire chaque numéro calculé en arpens de France à la mefure locale de la Communauté (a).

§. I I.

Le Cahier eft précédé d'une Table de réduction, dans laquelle on infcrit combien l'arpent & fes parties contiennent de parties de la mefure locale ; cette Table commence par indiquer la réduction des fecondes , enfuite celle des primes & enfin celle des arpens.

§. I I I.

Chaque page du Cahier eft divifée en plufieurs principales colonnes, dans la première on infcrit le chiffre qui défigne le numéro qu'on veut réduire.

(a) Le modèle de ce Cahier a été mis fous les yeux de l'Adminiftration.

§. I. V.

La feconde eft divifée en trois colonnes dans lefquelles on infcrit pour chaque numero, dans la première les arpens, dans la feconde, mais une ligne plus bas, les perches ; dans la troifième, & encore une ligne plus bas, on écrit les primes & les fecondes.

§. V.

La troifième colonne eft divifée en autant d'autres colonnes que la mefure locale contient de fractions ; on y infcrit dans la ligne où l'on a écrit les arpens, la fomme trouvée dans la Table pour la réduction de ce nombre d'arpens ; dans la ligne où font écrites les perches, on en indique la réduction en mefure locale. On fait de même pour les primes & pour les fecondes.

§. V I.

Au-deffous de ces trois lignes on additionne les fommes portées pour la réduction des arpens, des perches, des primes & des fecondes d'un même numéro, & on trouve auffi combien tout le numéro contient de parties de mefures locales.

§. V I I.

Dans une quatrième colonne on porte la fomme totale qu'on a trouvée pour la réduction de tout le numéro.

§. V I I I.

On réduit ainfi fucceffivement tous les numéro à la mefure locale.

§. I X.

Le C.h'er eft difpofé de manière qu'on peut réduire dix numéro de fuite dans chaque page en additionnant au bas de la page la contenance de chacun de ces dix numéro en arpens, fuivant qu'elle eft rapportée dans la feconde colonne , & en additionnant les fommes rapportées dans la quatrième colonne pour la mefure locale de chaque numéro , on vérifie fi la réduction que donne la fomme totale trouvée pour les dix numéro , eft la même que cèlle qu'à procuré l'addition des fommes partielles de chacun des dix numéro ; on s'affure par-là de l'exactitude des opérations de réduction.

§. X.

En rapportant de page en page les fommes totales écrites à chacune des précédentes , foit des mefures de France, foit des mefures locales , on épargne en continuant la vérification de chaque page la récapitulation qu'on feroit obligé de faire à la fin du Cahier, des fommes que donne chaque page.

ARTICLE XXV.

Quatrième cahier de calcul : contenances des diverfes natures de culture.

§. PREMIER.

L'OBJET de ce cahier eft de trouver la contenance des diverfes natures de culture des terres labourées , des prés , des vignes , &c. & de déterminer la contenance des diverfes qualités de fols que chaque nature comprend (*a*).

§. II.

Les feuilles de ce cahier font divifées en dix principales colonnes , dans la première on écrit de fuite tous les numéro du Plan.

(*a*) Le modéle de ce Cahier a été mis fous les yeux de l'Adminiftration.

§. VII.

(41)

§. I I I.

Les huit principales colonnes fuivantes font intitulées felon les huit
natures de bien qui exiftent dans la Province.

§. I V.

La première de ces huit principales colonnes eft deftinée pour écrire
la conteñance des maifons, des édifices publics & de toutes fortes de
bâtimens , la feconde celle des jardins , la troifième celle des terres
labourées, la quatrième celle des vignes, la cinquième celle des prés,
la fixième celle des bois, la feptième celle des châtaignerées, & la huitième celle des pâturages.

§. V.

Chacune de ces huit principales colonnes comprend autant d'autres
colonnes qu'on compte de qualités ou de degrés de fol dans la nature
des biens que le titre indique ; ainfi la colonne intitulée maifons eft
divifée en huit autres colonnes, fi la Communauté comprend huit degrés
de maifons , la colonne des terres labourées eft divifée en douze ou
quinze autres colonnes, fi la Communauté comprend douze ou quinze
qualités de terres labourées, &c.

§. V I.

Après avoir écrit les numéro fuivant l'ordre numérique , on en infcrit la contenance à la première ou à la feconde colonne des prés , fi
c'eft un pré de la première ou de la feconde qualité ; à la première ,
à la feconde ou à la troifième colonne des bois, fi c'eft un bois de la
première, de la feconde ou de la troifième qualité, &c.

§. V I I.

Après avoir infcrit ainfi la contenance de vingt numéro dans les
colonnes qui leur conviennent , on additionne au bas de la page toutes
les qualités portées dans une même colonne , enfuite on ajoute enfem-

F

ble les fommes que produifent les différentes colonnes de la page , & fi ces fommes réunies font égales à la fomme totale des vingt numéro ,. telle qu'elle eft portée dans le Cahier de réduction , on eft affuré que les opérations font exactes , & pour pouvoir en tout tems en laiffer des preuves , on écrit ce total dans la dernière colonne du Cahier.

§. V I I I.

On calcule ainfi de fuite tous, les numéro du Plan , en rapportant au haut-de chaque page les fommes totales , écrites dans chaque colonne au bas de la page qui précéde.

§. I X.

Le réfultat de l'addition fucceffive de la contenance de tous les numéro , doit être de donner la contenance totale de la Communauté , celle de toutes les natures de culture & de toutes les qualités de bien qu'elle comprend.

ARTICLE XXVI.

Dépenfes auxquelles feront tenues les Communautés pour la levée du Plan de leur territoire.

§. PREMIER.

LES Communautés feront tenues de fournir aux Ingénieurs géomètres , un logement commode compofé au moins de trois pièces , & meublées de lits & chaifes , de tables & de quelques uftencilles de cuifine.

§. I I.

Afin que les Ingénieurs ne foient tenus à aucune obligation perfonnelle envers les particuliers qui les logeront , le logement leur fera affigné en vertu d'une délibération de la Communauté.

§. I I I.

Les Communautés fourniront aussi aux Ingénieurs géomètres des piquets, des jalons & des signaux, pour qu'il ne puisse naître dans les campagnes aucune difficulté sur les lieux où on les fera couper.

§. I V.

Par une raison semblable les Communautés donneront aux Ingénieurs géomètres, le bois à brûler dont ils auront besoin.

§. V.

Les Communautés feront transporter les équipages & les instrumens des Ingénieurs géomètres, & elles les rembourceront des frais de leurs voyages, soit pour venir dans les Communautés, soit pour en partir, suivant ce qui sera reglé par la Commission intermédiaire.

§. V I.

Les Communautés payeront les Indicateurs & les Manœuvres que les Ingénieurs employeront, sur le bon de l'Ingénieur.

PROJET
DE RÉGLEMENT

POUR FIXER LE PRODUIT IMPOSABLE A LA TAILLE DANS LES COMMUNAUTÉS.

Préſenté à l'Adminiſtration Provinciale de Haute-Guienne, par M. Henry de Richeprey.

ON a réuni dans ce Réglement toutes les inſtructions données juſqu'à préſent aux Commiſſaires, & aux Experts chargés d'abonner les Communautés.

ARTICLE PREMIER.

Ordres pour évaluer le produit des Communautés, perſonnes qui doivent aſſiſter à cette opération.

§. PREMIER.

Dès que l'Ingénieur géomètre ſera employé à lever le Plan & à faire la deſcription d'une Communauté, ſuivant qu'il eſt arrêté dans le Réglement des Ingénieurs géomètres, il en avertira la Commiſſion intermédiaire.

§. II.

La Commiſſion intermédiaire donnera des ordres au Commiſſaire qu'elle chargera de l'abonnement de la Communauté, en fixant le jour qu'il doit s'y rendre.

A a

§. III.

La Commiffion intermédiare fera avertir de ce jour les Officiers Municipaux , afin qu'ils faffent nommer, avant l'arrivée des Commif-faires , huit ou douze Députés les plus honnêtes , & les plus inftruits de la culture & de la valeur des terres, pour affifter le Commiffaire de l'Adminiftration dans fes opérations.

§. IV.

L'Ingénieur géomètre qui aura levé le Plan de la Communauté & qui en aura fait la defcription , fera auffi préfent à l'évaluation du produit , pour guider le Commiffaire & pour le feconder.

§. V.

Si la Communauté le juge convenable elle nommera un Expert en qui elle mettra fa confiance , pour donner des inftructions au Com-miffaire abonnateur de l'Adminiftration.

§. VI.

Enfin , tout Propriétaire quelconque fera maître d'affifter à cette opé-ration ; c'eft pourquoi le Commiffaire de l'Adminiftration indiquera chaque jour la marche qu'il fuivra le lendemain.

ARTICLE II.

Conftruction de la Table des diverfes qualités de fols de la Communauté.

§. PREMIER.

LE Commiffaire commencera fon opération en dreffant, avec tous ceux qui doivent l'affifter, une Table particulière des diverfes qualités de fols que la Communauté contient.

(3)

§. I I.

Cette Table fera divifée comme la Table générale de la Province, en autant de Tables que la Communauté contiendra de natures de culture ; ainfi on dreffera une Table pour les terres labourées, une pour les prés , une pour les vignes, une pour les bois, une pour les châtaignerées & une pour les pâturages.

§. I I I.

L'Adminiftration ayant arrêté que les jardins de Village & de Campagne , ne feroient pas plus eftimés que les meilleures terres labourées de la Communauté, on fe conformera à cette délibération pour fixer le produit des jardins de Village & de la Campagne.

§. I V.

L'Adminiftration ayant délibéré que les maifons de Village & de campagne, ne feroient pas plus eftimées que les meilleures terres labourées de la Communauté, on s'y conformera pour fixer le produit des maifons de Village & de Campagne.

§. V.

Dans les Villes on dreffera une Table pour les jardins.

§. V I.

Dans les Villes on dreffera une Table pour les maifons , felon les différens prix communs qu'elles fe vendent & qu'elles s'afferment dans chaque quartier.

§. V I I.

Chaque Table particulière fera divifée en autant de degrés, que la Communauté contiendra de différentes qualités de terres.

§. VIII.

On appliquera à chaque degré trois ou quatre exemples, felon que la Comunauté fera plus ou moins étendue.

§. IX.

Chaque exemple fera pris dans un canton différent de la Communauté.

§. X.

Ces exemples feront de même nature de culture & de même qualité; autant qu'il fera poffible, ce feront des objets qui auront été vendus, affermés ou eftimés depuis dix ans.

ARTICLE III.

Évaluation du produit de chaque héritage.

§. PREMIER.

QUAND toutes les Tables des diverfes natures & qualités des fols feront terminées, & qu'on en aura trouvé des exemples convenables pour chaque degré, on claffera tous les héritages au degré qui y conviendra.

§. II.

Pour faire cette application il faudra vifiter chaque héritage, en fuivant l'ordre numérique du Plan topographique.

§. III.

Le premier jour de fes opérations, le Commiffaire de l'Adminif- tration fera accompagné de tous les Députés de la Communauté, de l'Expert qu'elle aura nommé, si elle en a nommé un, & de l'Ingénieur géomètre.

§, I V.

Le second jour le Commissaire ne serı accompagné que de quatre des Députés de la Communauté, à moins que tous les Députés n'y assistent volontairement.

§. V.

Les jours suivans le Commissaire ne sera toujours accompagné que de quatre Députés, que l'on changera de deux en deux successivement, pour que deux des Députés de la Ville puissent instruire les nouveaux venus des opérations faites sans eux.

§. V I.

L'Ingénieur géomètre sera obligé de se trouver à l'évaluation du produit, quand le Commissaire de l'Admistration le jugera convenable.

§. V I I.

Ce Commissaire classera chaque article inscrit dans le Plan, selon ses connoissances & après avoir pris l'avis des assistans.

§. V I I I.

Pour classer chaque article, il se servira du même Cahier de description topographique que l'Ingénieur géomètre, & dont l'usage est prescrit par l'Article XVIII du Réglement rendu pour les Ingénieurs géomètres.

§. I X.

La classification se fera, 1°. en décrivant dans la sixième colonne de ce Cahier les qualités physiques, l'exposition & la situation du sol. 2°. En examinant dans la troisième colonne si le terrein a été estimé,

(6)

afferiné ou vendu. 3°. En, écrivant dans la feptième colonne à quel degré de la Communauté le fol peut fe rapporter.

X.

Quand un article défigné fur le Plan ne fera pas tout de la même qualité ou du même degré, mais qu'il comprendra des degrés bien diftincts, le Commiffaire diftinguera fur le Plan autant de degrés que l'article en contiendra.

§. X I.

Les parties de différentes qualités étant bien diftinctes, le Commiffaire le défignera fur le Plan, en en traçant à peu-près la limite avec une ligne ponctuée, & en écrivant dans chaque partie une lettre de l'aphabet en caractère imprimé, qui fervira de renvoi dans le Cahier de defcription.

§. X I I.

Si les parties de différentes qualités font petites, éparfes, çà & là, enforte qu'il faille pour les défigner réduire le Plan en un trop grand nombre de petites parties, le Commiffaire claffera l'héritage dans un feul degré qui fera un degré moyen, entre tous les degrés, auxquels on en clafferoit les diverfes parties.

§. X I I I.

Si le Commiffaire rencontre dans la Communauté des degrés dont la defcription ne foit pas faite, il en formera de nouveaux qu'il ajoutera dans la Table, en prennant pour exemple les terreins qu'il aura rencontré.

ARTICLE IV.

Defcription de chaque article.

§. PREMIER

LE Commiffaire vérifiera fi chaque numéro du Cahier de topographie font bien appliqués fur le Plan , & les corrigera s'il eft néceffaire.

§. II.

Il examinera fi les noms & furnoms , fi les noms de baptême des Propriétaires font exactement écrits dans le Cahier de topographie.

§. III.

Il vérifiera fi les noms des cantons font écrits fur les Cahiers de defcription , & s'ils font exacts.

§. IV.

Le Commiffaire examinera fur chaque article numéroté , fi on en a bien rapporté le titre de poffeffion , fi le prix de la vente, de la ferme & de l'eftimation eft exactement décrit , en cas que l'objet ait été vendu , affermé ou eftimé.

§. V.

Il écrira fur chaque article dans la colonne du Cahier de topographie qui y eft deftinée , quelles font les qualités phifiques , les diverfes fituations & expofitions des fols , quand elles peuvent influer fur la valeur des héritages.

§. VI.

Il écrira auffi dans la colonne des Dixmes , la proportion fuivant laquelle les héritages doivent payer la Dixme.

§. V I I.

S'il eft poſſible, le Commiſſaire écrira combien chaque héritage paye de rentes Seigneuriales, ſoit en Champart, ſoit en Cenſives, &c.

§. V I I I.

Enfin, le Commiſſaire inſcrira dans le Cahier de deſcription de topographie, les diverſes ſervitudes auxquelles les héritages peuvent être forcés.

§. I X.

Le Commiſſaire ne quittera pas la Communauté ſans s'être aſſuré de l'exactitude de tous ces objets, ou au moins ſans avoir fait une note des motifs qui l'auront empêché de le faire.

§. X.

Il recherchera auſſi quel eſt le produit total de la dixme, ſi elle eſt affermée, en faiſant attention d'obſerver ſi la Communauté comprend un ou pluſieurs dixmaires, ou ſi elle fait partie d'un ou pluſieurs.

§. X I.

Enfin, le Commiſſaire abonnateur vérifiera combien la Communauté paye de rentes de diverſes natures, en en ſpécifiant la qualité en nature ou en eſpèce ſelon qu'on les paye, & en exprimant à quelle ſomme elles ſe portent, & qui ſont les différens Seigneurs auxquels elles ſont dûes.

ARTICLE

ARTICLE V.

Eſtimation de chaque degré de la Communauté.

§. PREMIER.

QUAND tous les héritages feront ainſi appliqués au degré de la Table des diverſes qualités de ſols , & que la claſſification fera terminée, le Commiſſaire profitera des connoiſſances qu'il aura acquiſes pour apprécier le produit & la valeur de chaque article.

§. I I.

Le Commiſſaire réſumera les deſcriptions phyſiques de chaque degré, pour diviſer les terres qu'ils comprennent ſuivant les diverſes qualités & natures de terrein.

§. I I I.

Il réſumera de même, ſur chaque degré, les notions rélatives aux ventes, aux fermes & aux eſtimations.

§. I V.

Enſuite le Commiſſaire dreſſera un état des frais & des produits des cultures pour chaque degré.

§. V.

Quand le Commiſſaire pourra ſe procurer des notions aſſez exactes ſur le produit des dixmes de chaque degré, il les réſumera encore.

§. V I.

Dans les Communautés ſujettes au champart, le Commiſſaire eſſaiera

de même de se procurer des notions exactes sur le produit du champart de chaque héritage.

§. V I I.

Toutes les notions recueillies, le Commissaire évaluera avec les
Députés de la Communauté, avec les Experts du lieu, à combien on
peut, suivant ses connoissances, fixer la valeur & le produit de chaque degré.

§. V I I I.

Ensuite le Commissaire résumera toutes les notions qu'il aura recueillies sur chaque degré, il s'en servira pour démontrer l'exactitude
de ses opérations, & pour ne laisser aucun doute sur la justesse des
estimations ; elles se trouveront ainsi établies par le prix d'un grand
nombre de ventes, de fermes, d'estimation d'Experts, par le produit
des dixmes & des champarts, & par la description, l'exposition & la
situation du sol.

§. I X.

Enfin, le Commissaire examinera à quel degré de la Table générale des diverses qualités de sols de la Province, on peut rapprocher
chaque degré de la Communauté, il s'appuyera, pour cette opération,
des descriptions & des calculs de la Table générale, & des exemples
qui les justifient.

ARTICLE VI.

Vérification de l'abonnement.

§. PREMIER.

QUAND le Commissaire aura classé tous les héritages de la Communauté, il assemblera les Députés pour examiner si son travail est
exact, & pour en vérifier toutes les parties.

(11)

§. I I.

Cette première vérification finie, le Commissaire assemblera la Communauté, il lui exposera la manière dont s'est fait l'évaluation du produit des fonds ; il fera la lecture des différentes Tables qui ont servi de base, & indiquera les exemples de chaque degré.

§. I I I.

Quand la Table sera connue de la Communauté, il fera la lecture du Cahier de description topographique article par article, ou au moins en indiquant à quel degré chaque article à été classé.

§. I V.

Pour prévenir tout désordre dans cette Assemblée, personne n'aura le droit d'y parler que pour faire des observations.

§. V.

Si celui qui fait l'observation, traite de l'intérêt général de la Communauté, il assistera à l'examen des divers avis auxquels ses observations pourront donner lieu.

§. V I.

Si celui qui réclame ne le fait que pour ses intérêts personnels ; après qu'il aura exposé tous les motifs de ses observations, il sortira de l'Assemblée, afin de laisser à chacun la liberté de les discuter.

§. V I I

Le Commissaire profitera, selon ses lumières, des réclamations & des divers avis pour perfectionner son ouvrage, & retournera, s'il le juge convenable, faire un nouvel examen sur les lieux.

§. VIII.

Enfin, la Communauté dreſſera une délibération, pour exprimer ſes ſentimens ſur l'ouvrage qu'on lui aura fait connoître, & elle y rapportera ce qui ſe fera paſſé dans l'aſſemblée.

ARTICLE VII.

Calcul de l'abonnement.

§. PREMIER.

QUAND il aura fait toutes les opérations précédentes, il en recherchera les réſultats par le calcul.

§. II.

Il calculera avec l'Ingénieur géomètre la contenance des diverſes natures de culture, & de leurs diverſes qualités, c'eſt-à-dire, la contenance de chaque degré des terres labourées, des prés, des vignes, &c. ſelon qu'il a été preſcrit dans l'Article XXIV du Réglement des Ingénieurs géomètres (*a*).

§. III.

Ce Cahier eſt diviſé en autant de colonnes que la Communauté contient des différentes natures de culture ; il y en a une pour les maiſons, une pour les jardins, une pour les terres labourées, une pour les prés, une pour les bois, une pour les chataignerées, & une pour les pâturages. Ces colonnes ſont précédées d'une colonne dans laquelle on écrit les numéro du Plan.

(*a*) Le modéle de ce Cahier a été mis ſous les yeux de l'Adminiſtration.

§. I V.

Chaque colonne eft divifée en autant de parties, que la nature de culture qu'on y calcule contient de degrés.

§. V.

On intitule dans chaque colonne le degré qu'on doit y infcrire, en commençant par le premier degré , & en continuant jufqu'au dernier.

§. V I.

On écrit dans la colonne indicative fucceffivement , les divers numéro , & fuivant l'ordre numérique, on place la fuperficie du numéro dans la colonne du degré où il a été claffé.

§. V I I.

On additionne au bas de chaque page les calculs contenus dans toutes les colonnes , & pour vérifier fi les calculs font exacts, on cherche le total de toutes, s'il eft conforme au total déjà trouvé par l'Ingénieur géomètre : il n'y a pas de doute que l'opération ne foit exacte.

§. V I I I.

Cette opération faite, on fait combien la même nature de culture contient d'arpens , combien elle en contient du premier degré, du fecond, du troifième, &c.

§. I X.

En faifant ainfi fur chaque nature de culture, on connoît combien la Communauté contient de furface, qu'elle eft la diftribution de cette furface , en prés, en terres labourées , en jardins, en vignes, en maifons, &c. On fait auffi combien elle a d'arpens de chaque degré & de différentes natures de culture.

ARTICLE VIII.

Calcul du produit de la Communauté.

§. PREMIER.

APRÈS avoir calculé combien la Communauté contient d'arpens de chaque degré, on en détermine le produit impofable à la Taille.

§. II.

Pour cette opération on fe fervira d'un tableau divifé en cinq colonnes, la premiere contient l'indication du degré, la fecopde la contenance de chaque degré, la troifième le produit impofable à la taille par arpent, la quatrième le produit total impofable à la Taille que doivent payer tous les articles infcrits au degré, dans la cinquième on rapporte les fommes totales du produit de tous les degrés d'une même nature de culture; & en additionnant au bas de la colonne ces différentes fommes : on fixe quel eft le produit total de tous les fonds de la Communauté.

§. III.

Le produit impofable à la Taille fera fixé fur le produit des fonds, fans aucune autre diftraction, que celle des frais de culture.

ARTICLE IX.

Comment on fixera la proportion fuivant laquelle chaque propriétaire doit être impofé à la Taille.

§. PREMIER.

POUR fixer la proportion fuivant laquelle chaque Propriétaire doit être impofé à la Taille, on fe fervira d'un Cahier qui contiendra autant d'articles que la Communauté comprendra de Propriétaires (a).

§. II.

Ce Cahier formera une Table alphabétique des noms de chaque Propriétaire.

§. III.

Au-deſſous du nom de chaque Propriétaire eſt un état diviſé en trois colonnes. La première eſt deſtinée à écrire, en ſuivant l'ordre numérique, les divers numéro des articles que ce Propriétaire poſſéde. Dans la ſeconde on écrit la ſurface de ces numéro en arpens de Paris. Dans la troiſième le produit impoſable à la Taille. En additionnant la fin du Tableau, on déterminera combien tous les héritages du Propriétaire ont de ſuperficie, & quel eſt la proportion ſuivant laquelle ils doivent payer l'Impoſition, ou a quelle ſomme ſe porte le produit Impoſable.

§. IV.

Ce travail terminé, il eſt aiſé d'en rapporter les réſultats dans le Cahier de Topographie, dont on a parlé aux Articles III & V de ce Réglement, & à l'Article XVIII du Réglement des Ingénieurs géomètres.

ARTICLE X.

Canfrontation.

§. PREMIER.

LE Commiſſaire, conjointement avec l'Ingénieur géomètre, décriront les confrontations de chaque héritage à la dernière colonne du

---

(a) Le modéle en a été mis ſous les yeux de l'Adminiſtration.

Cahier de topographie, en fe fervant des Plans & en indiquant chaque article, confrontant non-feulement avec les numéro qu'ils contientiennent, mais encore avec le nom du Propriétaire qui les poſſéde.

ARTICLE II.

Cadaſtre.

§. PREMIER.

LE Cahier de topographie terminé par toutes les opérations précécédentes, fera un véritable Cadaſtre dans lequel il ne manquera aucune notion néceſſaire aux Communautés & à l'Adminiſtration.

§. II.

Si les Communautés obtiennent de la Cour des Aides la permiſſion de renouveller leur Cadaſtre, pour fixer la répartition individuelle entre les Propriétaires qui la compoſent, on leur donnera un extrait du Cahier de topographie, en rédigeant cet extrait dans la forme néceſfaire pour leur uſage, & conforme aux Lois & Arrêts de Réglement rélatifs aux Cadaſtres.

ARTICLE XII.

Livre des Muances.

§. PREMIER.

ON remettra auſſi aux Communautés un Livre des muances.

S. II.

§. I I.

Ce Livre fera divifé en autant d'articles qu'il y aura des Propriétaires.

§. I I I.

Les noms des Propriétaires y feront infcrits en fuivant l'ordre alphabétique, nom par nom.

§. I V.

L'article de chaque Propriétaire fera contenu fur une feuille féparée
& confervée en blanc.

§. V.

Au-deffous de chaque nom on écrira, 1°. l'indication de tous les
numéro que le Propriétaire poſſéde. 2°. La contenance de tous fes
hérita l'arpent de Paris, & felon la mefure locale. 3°. Le
produit impofable à la Taille de tous ces héritages.

A RODEZ,

De l'Imprimerie de Marin DEVIC, Maître-ès-Arts, Imprimeur du
Roi, de Mgr l'Evêque & Comte de Rodez.